GREAT WISDOM OF THE STOCK MARKET

股市大智慧

郭施亮◎编著

SPM
南方出版传媒
广东经济出版社
—广州—

图书在版编目（CIP）数据

股市大智慧/郭施亮编著．—广州：广东经济出版社，2016.5
ISBN 978－7－5454－4529－9

Ⅰ．①股…　Ⅱ．①郭…　Ⅲ．①股票投资－基本知识
Ⅳ．①F830.91

中国版本图书馆 CIP 数据核字（2016）第 067732 号

出 版 人：姚丹林
责任编辑：易　伦
责任技编：许伟斌

出版发行	广东经济出版社（广州市环市东路水荫路 11 号 11～12 楼）
经销	全国新华书店
印刷	佛山市浩文彩色印刷有限公司（南海狮山科技工业园 A 区兴旺路）
开本	730 毫米×1020 毫米　1/16
印张	16
字数	184 000 字
版次	2016 年 5 月第 1 版
印次	2016 年 5 月第 1 次
印数	1～5 000 册
书号	ISBN 978－7－5454－4529－9
定价	42.00 元

如发现印装质量问题，影响阅读，请与承印厂联系调换。
发行部地址：广州市环市东路水荫路 11 号 11 楼
电话：（020）38306055　37601950　邮政编码：510075
邮购地址：广州市环市东路水荫路 11 号 11 楼
电话：（020）37601950　营销网址：**http://www.gebook.com**
广东经济出版社新浪官方微博：**http://e.weibo.com/gebook**
广东经济出版社常年法律顾问：何剑桥律师

前　言

中国股市发展时间不长，但是潜力巨大。中国经济年增长率为7%，作为世界第二大经济体，从国际比较角度来说，这个速度并不慢。很重要的原因就是经过近几年的结构调整、转型升级，中国经济的合理性和增长的有效性、增长的质量和效益得到改善，这是股市上升的原因。中国的增长速度和自身相比，有一定幅度的回落，但是如果站在全球范围来看，中国经济增长7%左右还是很高的增长率，这为股市上涨提供了一定的支撑。在过去这些年，我们经过改革、结构调整、转型升级，经济运行内在合理性提高了，经济运行的质量和效益也有一定的改善，这也为股市上涨奠定了一个好的基础。如何在股市中规避风险，通过智慧来获取股市红利，是这本书要解决的问题。

多年的积累和在股市中获得的经验，浓缩成这本书奉献于你的面前，它采用了大量的案例分析，行文深入浅出，将复杂的理论知识用诙谐幽默、浅显直白的口语娓娓道来。本书抛开深奥的理论化条文，特别强调实务操作、快速上手，更注重实战展示。你学到的是完全真实的股市风险规避全过程。相信跟随着本书的介绍，你的股市学习之旅一定会成为一种难忘的幸福体验。

因受作者水平和成书时间所限，本书难免存有疏漏和不当之处，敬请指正。

本书特色

1. 内容实用实在、详略得当，讲授方式符合初学者的认知规律

本书内容涵盖了宏观政策、股市制度建设、公司基本面分析、抄底策略、逃顶策略以及股市心态调整等股市知识，内容结构上非常注重知识的实用性和可操作性。这样的安排注重初学者必备知识的了解，使初学者大致了解后再进一步深入理解。这种由浅入深、循序渐进的讲授方式完全是遵循和尊重了初学者对股市的认知规律。

2. 行文幽默诙谐，以实例引导全程，特别适合初学者阅读

本书介绍的基本理论知识、创业板、注册制、融资融券等，都是拿股市实例来加以说明的，这样就避免了不同章节、不同实例间的知识脱节，非常连贯统一。在学习这些知识时，作者的讲授绝不是板着面孔、死板教条式的，而是以幽默诙谐、贴近时代的语言进行生动、通俗的讲解，犹如一位老朋友，帮助你缩短成为股市高手的时间。纵观全书，作者将农夫的辛勤耕耘、春种秋收与会计的复杂理论和操作进行对比介绍，这就使得整个学习过程变得简单、生动起来。

本书内容及体系结构

第 1 章“国家宏观政策”：本章从财政、税收、银行等宏观政策对股市的影响入手，讲解了中国股市的政策环境。通过讨论政策环境对股市的影响，引导读者进行思考，采取积极的投资策略。

第 2 章“A 股制度设计”：本章对融资融券、“T + 0”、注册制、创业板等股市创新制度进行讨论和分析，详细说明中国股市的制度建设还在逐渐完善中。正是这样的制度现实，提醒股市参与者要注意制

度风险，不完善的制度往往会给股市参与者带来重大的损失。同时，完善股市制度也是推动股市发展的重大力量。

第 3 章“主力资金对股市的影响”：本章引领读者了解了主力资金对股市的重要影响。学习本章，读者应有意识地跟随主力操作，避免成为主力的炮灰。

第 4 章“公司基本面分析”：本章以几家公司实务为例，全面介绍了上市公司所面临的各类问题，介绍了 A 股制度不健全带来的奇特的公司“不死鸟”现象。通过对本章的学习，读者能够深刻体验到上市公司貌似不合理现象的背后逻辑，避免踩上陷阱和年报地雷。

第 5 章“抄底技巧”：本章介绍了股市暴跌的内在逻辑，对配资和融资融券进行了分析，另外，通过外资抄底引发读者思考。读者通过这个章节的学习，能够受到启发，在股市暴跌时进行准确抄底。

第 6 章“逃顶技巧”：本章的学习是股民的晋级阶段，讲解了牛市中如何准确逃顶，预测顶部的方法。

第 7 章“培养正确的炒股心态”：本章介绍了炒股的心态非常重要，应保持股市涨跌不为所动的淡然心态，这样才能在跌宕起伏的股市大潮中获得财富和健康的双重收获，人生才能够过得更精彩。

第 8 章“救市逻辑”：本章通过 2015 年股市调整，国家出手救市的实例，讲解了国家救市的必要性和技巧。

第 9 章“股市风险控制”：本章介绍了股市的风险控制技巧，对个人和国家都提出了风险控制的要求，并具体讨论了风险出现的特征，给股市参与者以启示，避免股市风险带来的损失。

本书读者对象

- 股市初学者

- 资深股市玩家
- 股市分析师
- 各财经、非财经专业的大中专院校实习学生
- 股市研究人员

关于作者

郭施亮，2002 年开始接触证券市场，2008 年起接触财经自媒体领域，并于 2013 年获得搜狐年度最佳行业自媒体人奖项，2014 年获得证券时报《财苑社区》“最具影响力财经观察家”称号。现长期担任广东广播电视台、大连财经广播电台以及每经智库、经观智库的特约财经评论员。

目　　录

第1章 国家宏观政策

1.1 中国股市重在救“人心”!

股市波动剧烈的时候，政府一般会出手救市。而让我们印象深刻的是2015年那次股灾中的救市表现。

2015年股市下跌的那3个月，中国股市的表现牵动着亿万投资者的神经。然而，在市场日均波动率持续加大的大背景下，实则也直接加大了投资者的操作难度，而不少投资高手也习惯于“捞一笔就跑”。

实际上，对于暴跌3个月的市场而言，基本可以画出三条界线。其中，第一条界线属于场外配资的集中清理界线；第二条界线属于券商两融的警戒乃至平仓界线；至于第三条界线，则属于股权质押风险集中爆发的界线。

显然，经历了几个月市场的快速下跌走势，已经基本击垮大部分的场外配资资金，其间不少场外配资资金也先后遭遇到平仓乃至爆仓的风险。然而，随着前期市场一度跌破3 000点整数关口的支撑，市场也曾经触碰到券商两融的平仓风险区域，且接近触发上市公司股权质押风险的集中爆发区域。由此可见，面对诸多可能引发市场系统性风险的考验，当时股市的走势已经得到了管理层的高度关注。

国家队强力护盘，当属最开始几个月的常见现象。有时候，当市场触碰到某一敏感区域时，会忽然受到一股神秘资金的拉抬，并由此引发当天市场走出惊天大逆转的走势。显然，这也是以国家队资金为主导的护盘资金的直接性影响。

但是，值得深思的是，国家队资金的强力护盘，其本质意图就是为了减缓市场的下跌速度，延缓金融市场系统性风险的爆发时间。或许，经过一系列的救市动作，也许能够逐步把股市救活，把“人心”提振起来。

然而，经过这几轮的救市行动，我们却意外发现，国家队资金的救市动作，更注重救活市场，而并非救活“人心”。如此一来，即使市场指数得到了提振，也仅限于部分超级权重股的顽强拉涨，而对于大多数的股票而言，却是几乎没有太大的影响。

显然，若仅为了救市而救市，那么这样的救市举动也不会起到本质性的提振效果。对此，笔者认为，面对当时的市场环境，中国股市更应该注重救活“人心”。换言之，只有把市场的“人心”救活了，才能够从本质上提振市场的投资信心，进而起到稳住市场的目的。

事实上，对于中国股市而言，并不缺乏资金。在实际中，市场缺乏的，往往是市场的“人心”。不过，救活市场的“人心”，并不是依靠一两句口号式的利好就能够起到显著性的提振效果的，而是需要从多方面、多角度修复市场的制度漏洞，以满足投资者的投资需求，如此，方能起到本质性的效果。

其中，借助股市的大动荡走势，趁机解决长期依存的期现市场交易制度的不对称性问题，当属最能够稳住市场“人心”的重要性举措。

确实，对于投资者而言，在他们进行投资的过程中，最需要的，还是要有一个公平、公正的市场环境作为强大的支撑。退一步来说，若交易制度不平等，市场环境未能好转，那么，投资者的投资信心并不会得到迅速提升。

此外，市场更应该提倡上市公司“契约精神”，而不是把定增、回购等举措当作推动自家上市公司股价的借口，而当股价修复达到目的后，却以各种理由拖延措施的落地，而后再趁机减持，溜之大吉。

显然，多家上市公司终止实施定增乃至减少增持等举措，实则是上市公司缺乏“契约精神”的真实写照。在缺乏“契约精神”的市场环境下，上市公司的自身举动朝令夕改，又怎能从本质上保障投资者的切身利益呢？投资者又如何能够放心进场呢？

笔者认为，稳定依旧是中国股市的首要任务。但是，在稳定市场的前提下，中国股市更应该注重救活市场的“人心”，并最终让市场重拾投资信心，进而从本质上恢复市场的投资活力。

1.2 红利税调整，真能刺激市场长期投资的热情吗？

2015 年 9 月 7 日晚间，财政部、国家税务总局、中国证监会联合发文，明确从 9 月 8 日起，个人从公开发行和转让市场取得的上市公司股票，持股期限超过 1 年的，股息红利所得暂免征收个人所得税。

实际上，自 2005 年以来，我国也实行了多次的红利税调整政策。其中，在 2005 年，我国对股票红利税实行减半征收，即将税负调整为 10%，并一直沿用至 2012 年。然而，自 2013 年 1 月 1 日起，我国开始实行差别化的红利税征收政策。

具体而言，持股时间在 1 个月以内的，税负提升至 20%；持股时间在 1 个月至 1 年之间的，税负维持在 10% 不变；至于持股时间在 1 年以上的，则税负直接减至 5%。

显然，当年的差别化的红利税征收政策，实则也引发了不少市场人士的热议。其中，不少人认为，这种差别化的红利税征收，实则属于税负的“明减暗增”。

在实际操作中，按照我国普遍投资者的持股周期来看，持股时间真正能够长达 1 年以上的，其所占的比例，少之又少。从过去实行长期持股的投资者案例来看，更多属于被动式的持股，而非主动式的持股。如此一来，随着差别化红利税征收政策的落地，实则也给多数投资者带来了一定的成本压力。

时隔 2 年多的时间，中国股市再度对红利税进行调整。不过，此次的调整却直接暂免了持股期限超过 1 年的投资者的红利税。显然，与前一次的红利税调整相比，这一次的利好成分也增加了不少。

红利税的再度调整，其本质意图就是提升市场的长期投资意识，并助推投资者挖掘价值投资型标的。

或许，从政策制定的出发点来看，确实会给市场带来一定的积极性影响。但是，考虑到当时疲软的市场环境，我们却需要做出更多的思考。

实际上，在当时的市场环境下，投资者在二级市场上的投资亏损幅度已经远远超过了红利税的优惠幅度。与此同时，此次红利税的调整，其实仅调整了 1 年以上持股期限的红利税，并没有对 1 年以下的持股期限进行红利税减免。如此一来，这一政策实则并不能够从本质上提振市场的投资信心，而面对疲软的市场环境，也并不能够刺激市场长期投资的热情。

笔者认为，市场长期投资意识的建立，并非一朝一夕的事情。事实上，要从本质上提升市场长期投资的意识，不仅要从红利税减免等方面下功夫，而且需要进一步加快机构投资者的引入，并以此提升机构投资者在A股市场中的整体占比，为市场带来更多的长期投资者。

不过，更为关键的是，在提升市场长期投资意识之前，管理层必须要营造出一个公平、公正的市场环境，并严格规范好市场的运行秩序，同时，需要大幅提升市场的违规成本，让部分恶意投机者受到严厉的惩罚。

由此可见，建立市场长期投资意识以及刺激市场长期投资热情，并非一件容易的事情。显然，仅仅依靠红利税的调整，是远远不够的。

1.3 中国股市适合实行熔断机制吗？

谈及熔断机制，给投资者的第一个感觉就是减缓市场的波动风险，本质上维护市场的稳定性。但随着中国股市波动风险的加剧，以及外围市场环境的持续疲软，实则也间接加快了中国股市实行熔断机制的步伐。

纵观国外成熟的股票市场，也有不少市场采用了熔断机制。但是，一般而言，熔断机制也分为“熔而断”以及“熔而不断”两种形式。至于美股大跌而触发的熔断机制，则属于“熔而断”的形式。

根据资料显示，熔断机制是指美国标准普尔500指数下跌5%，就会采取暂时停盘15分钟的举措。而当股指下跌10%，则关闭1小时。

若股指暴跌超过20%，则需要关闭股市1天的时间。

鉴于美股走势，其盘中一度跌幅超过5%，并触发了熔断机制，由此也导致美国三大期货交易所暂停交易。但是，在恢复正常交易之后，市场也呈现出逐渐回升的格局，而此时的熔断机制也就起到了很好的稳定效果。

回顾股灾那段时间，中国股市的表现让全球的投资者高度关注。

究其原因，一方面在于中国股市的全球影响力提高，市场的一举一动以及管理层的任何举动，足以引发全球市场的震荡；另一方面则在于中国股市的日均波动率相当惊人，其高度投机的市场氛围引发了全球投资者的高度警惕。

实际上，自2015年6月创出5 178点并调整以来，中国股市累计最大跌幅已经接近45%，不少股票也到了“腰斩”的局面。与此同时，随着市场下跌速度的加快，股市的剧烈波动已然引发金融市场的系统性风险。至此，从维护金融市场系统稳定性的角度分析，管理层也必须采取一切手段维护市场的稳定性。

从中金所的系列新规，到周小川行长的公开表态，而后到拟实行的熔断机制等，都在很大程度上显示出管理层维稳股市的真实意图。其中，以熔断机制的实行为例，这一措施的出台，也引起了社会各界的广泛热议。

事实上，从本质上来看，熔断机制的引入，实则就是为了减缓市场的波动风险。同时，试图给市场创造出一段冷静期，为市场投资者赢得更多的思考时间，进而减少市场整体的波动风险。

不过，需要注意的是，与国外成熟的股票市场相比，在中国股市实行熔断机制，我们却需要进行更多的考虑。

其中，中国股市独特的交易制度，就可能会让熔断机制的意义大打折扣。

就当前而言，中国股市实行的是“T+1”的交易模式，而期指则实行“T+0”的交易模式。实际上，在中国股市中，也长期存在期现交易制度不对称的风险。与此同时，长期以来，中国股市也实行了涨跌停板交易制度。如此一来，熔断机制的引入，似乎给当前的市场制度带来了一定的矛盾性。

根据当时的说法，未来或将采取分档确定指数熔断的时间。具体而言，即市场触发5%的熔断阈值时，市场将会暂停交易30分钟。而若市场在当天14:30及之后的交易时间内，触发5%的熔断阈值，以及在全天任何时段触发7%的熔断阈值时，市场将会暂停交易直至收市。

如此一来，在涨跌停板制度下，我们再实行熔断机制，实则在一定程度上改变了市场的“玩法”。换言之，未来市场指数将不再受到10%的涨跌停板限制的约束，而在新“玩法”之下，实则缩小了市场的波动幅度，但同时也会减少市场的交易时间，乃至减少市场的整体流动性。因此，在涨跌停板制度之下，再实行熔断机制，其本质目的就会有所改变了。

考虑到中国股市的高度投机性质，在市场处于非理性下跌的过程中，一旦市场触发7%的熔断阈值，则会暂停交易直至收市。但是，因市场本身的下跌动能并未得到真正有效的释放，不排除在下一个交易日中，市场同样采取大幅杀跌而后触碰熔断阈值的方式，并最终导致市场的下跌动能不可以得到快速释放，而延长了市场见底的时间。

除此之外，在涨跌停板制度以及“T+1”交易模式下实行熔断机制，会在一定程度上损害普通散户的切身利益。

具体来说，当市场处于非理性下跌时，指数因触碰相应的熔断阈值而被迫提前结束当天的交易，此时，对于普通散户而言，因交易制度的限制，他们并不能及时进行止损操作，或者是手持股票早已牢牢封在跌停板的价格之上。如此一来，普通散户的持股风险也在不断加大。

对此，笔者认为，中国股市实行熔断机制是一种进步。但是，在实行熔断机制的同时，还需要推出更多的配套措施进行补充。例如，实行“T+0”交易模式，或者是放开涨跌停板交易制度等。与此同时，还应该尽快修订《中华人民共和国证券法》，继续大幅提升市场的违规成本，甚至要把恶意投机者从中国股市中清理出去。

1.4　配资盘清仓是股市下跌的元凶吗?

从中金所的系列新规出台，到周小川行长对股市的再度表态，似乎并未有效稳住“跌跌不休”的A股市场。显然，就当时而言，市场的投资信心已经降至冰点，而市场的投资与融资功能也已基本陷入减退的状态。

不过，当时市场最大的问题，莫过于我们依然无法准确确认导致股市下跌的真正元凶。于是，在一段时期内，监管层也试图堵住大资金大机构恶意做空的渠道，试图让市场逐渐恢复到理性的运行状态。

“成也杠杆，败也杠杆”，当属2015年A股市场的真实写照。显然，曾经的高杠杆工具，一度让市场陷入了全面疯狂的状态。但同时，当市场陷入重要性的拐点之际，已被激活的高杠杆工具却间接引发了市场的非理性杀跌，甚至还让市场陷入前所未有的资金踩踏风波。

对此，经历了前一段时期的下跌风波后，监管层也真正意识到高杠杆工具的高风险性。至此，一轮轰轰烈烈的“去杠杆化”进程拉开了序幕。

事实上，早在2015年5月底，监管层就曾经要求证券公司全面自查自纠参与场外配资的相关业务。同时，还对恒生电子等以HOMS系统为场外配资提供服务的机构给予警告，并逐步叫停了HOMS系统向场外配资提供的数据端口服务。

然而，在六七月的股市下跌风波爆发之后，A股市场的“去杠杆化”速度也骤然加快。其间，恒生电子、同花顺等公司先后采取暂停新增配资系统业务的举措。与此同时，不少配资公司也加快了整顿的步伐，而部分涉及配资业务的P2P公司也逐渐将业务下架，转而恢复原有的核心业务。

显然，经过这一段时期的打击后，监管层严查严打场外配资业务也开始取得了成效。但是，在实际操作中，仍然有不少配资公司选择了更为隐蔽的操作方式，以此规避监管部门的监管。如此一来，即使前期监管层的“去杠杆化”工作已经取得了一定的进展，但因不少配资公司采取了更为隐蔽的配资手段，从而加大了监管部门的监管难度。

进入八九月份，监管层再度对场外配资采取监管升级的举措。其中，根据资料显示，监管层针对配资业务的清理整顿逐步向存量配资倾斜，而清理期限则是根据存量配资规模进行制定。

具体来看，存量配资在10亿元以下的券商，基本属于规模较小的券商，被要求在2015年9月11日前完成清理的工作。而存量配资在10亿~50亿元之间的券商，则被要求在9月18日前完成清理。纵观相关的数据，存量配资规模在150亿元以下的券商，基本需要在9月底前完成清理整顿的工作。至于极少数拥有庞大存量配资规模的券商，则需要在10月底前完成清理。

值得一提的是，在监管层加大力度实行监管升级的举措之际，对恒生电子、铭创、同花顺三大涉嫌违规配资的公司，合计罚没金额高达6.05亿元。由此可见，监管层对场外配资的打击力度是前所未有的，对市场也构成了深刻性的影响。

在场外配资加速清理的过程中，或许会引发部分券商加快行动，而其间配资盘的清仓动作，也会在某种程度上引发市场的剧烈震荡。

与此同时，在当时市场内部环境以及外部环境持续恶化的大背景下，配资盘的接连清仓动作，实则也容易引发市场进一步的恐慌情绪。此外，部分不法资金也似乎看中了这样的契机，借助A股市场的漏洞趁机牟利。

当时在A股市场中，无论是场内融资规模还是场外配资规模，较前2个月的最高峰值，都出现了较大幅度的下降。其中，沪深两市两融余额已经跌破万亿元关口，并创出年内最低数值。至于场外配资方面，在经历了一段时期的严查严打之后，也已经得到大力度的清理。然而，当时正加紧清理的存量配资盘，也仅有2 000多亿元。

显然，随着存量配资盘的逐步清理，场外配资业务也基本得到了全面性的清理。与此同时，结合场内融资规模的大幅滑落，实则A股市场的整体杠杆率也已实现大幅度降低的目标，而市场潜在的风险也在骤然下降。

但是，值得我们深思的是，在市场加速“去杠杆化”之后，虽然市场的潜在风险已基本得到控制，但是对于以资金推动为主导的A股市场来说，缺乏杠杆资金的推动，未来还能够期盼牛市行情吗？

对此，笔者认为，随着杠杆资金对股市的撬动影响逐步减退，未来市场的波动风险也有可能逐步降低。但是，对于当前的A股市场而言，也基本以存量资金作为主导。显然，在轰轰烈烈的“去杠杆化”工作完成之后，未来市场的新增流动性涌入预期将会大打折扣，而未来市场或将在中长期内延续反复筑底的走势。至于下一轮牛市何时到来，或许还需要等待更具影响力的新增流动性补充工具的来临。

1.5 周小川行长罕见论市，释放出怎样的信号？

在经济领域中备受热议的话题，莫过于周小川行长对中国股市的重要表态。具体来看，周小川行长在二十国集团财长和央行行长会议中表示，中国股市调整已大致到位，而人民币汇率不存在长期贬值的基础。此言一出，立马引起了社会各界的激烈探讨。

事实上，自2015年以来，周小川行长已经不是第一次针对中国股市进行表态。而在前一次，也就是在2015年的3月份，周小川行长曾表示，从他个人来讲，并不赞同“央行通过调控产生的增量资金进入股市就不是支持实体经济了”的说法。或许，可以换一种角度表述，即资金进入股市，也是支持了实体经济的发展。然而，纵观随后的股市表现，却出现了加速上涨的行情，其间市场的阶段涨幅也是相当惊人的。

时隔半年，周小川行长对中国股市的再度表态，确实引发市场的思考。或许，在周小川行长力挺中国股市的背后，也意味着中国股市的调整行情已经到了重要的转折点，而此时的市场投资价值也逐渐得到了管理层的认可。

实际上，那2个多月的股市表现，不仅备受国内管理层的高度重视，而且引发了国外投资者的积极关注。而在1个月内，随着中国股市的波动越发剧烈，其对全球证券市场的影响力也在逐渐提升。

就在2015年8月24日，中国股市创出了8年来的最大单日跌幅。受此影响，美股一度触发熔断机制，盘中下跌幅度超过千点。至于亚太股市，更是出现了全线重挫的走势。由此可见，作为全球第二大的证券市场，中国股市的一举一动，足以引发全球证券市场的大动荡。

因此，站在维护全球证券市场稳定性的角度分析，周小川行长选择在这个时候对中国股市做出表态，一方面，是给中国股市传递出稳定的信号；另一方面，则给全球证券市场吃了一颗定心丸，降低了全球投资者在投资上的焦虑与不安情绪。

进入9月份，对于全球证券市场来说，又是一个颇具挑战的时点。因为，在年内最后4个月的时间内，全球证券市场，不仅需要时刻关注美联储的加息预期，而且还需要考虑新兴市场持续性的资本净流出迹象。与此同时，对于中国股市的一举一动，实际上全球投资者也是高度警惕。

显然，对于当时的市场环境，稳定还是全球证券市场的首要任务。对于中国股市而言，稳定同样是当时管理层工作任务的重中之重。而后，在市场得以稳定的基础上，再逐步恢复市场投资者的投资信心。到了最后，方可逐步修复市场的投资与融资功能。

就当时看来，中国股市仍然处于极度不稳定的状态。在全球证券市场波动加剧的大背景下，周小川行长的表态，实则也给全球证券市场的投资者释放出稳定的信号，同时也向中国股市传递出维稳的态度。

或许，从当时的市场环境分析，周小川行长对中国股市的二次表态，其整体影响效果不会像第一次表现得那样强烈。但是，此时周小川行长的重要表态，实则也暗示着当时的股市已基本回归至合理的价值投资区间，再度向下杀跌的空间可能已经不会太大了。

笔者认为，从中长期的角度分析，当时市场已基本回归至合理的价值投资区间，而对于不少股票而言，实则已回归至2014年牛市启动时的相应位置。因此，对于投资者而言，不必过度悲观。

就当时而言，在股市加速“去杠杆化”的大环境下，实则降低了市场新增流动性涌入的预期。然而，在杠杆资金撬动市场的影响力逐渐趋弱的背景下，市场的反弹行情也多以存量资金作为主导，难以产生太大的撬动影响。所以，站在这一角度进行分析，中短期内中国股市要想出现前期单边上涨行情的难度是相当大的。或许，在当时的市场环境下，市场在合理的价值投资区间内进行反复震荡，就是最佳的结果了。

1.6 证监会为何要将场外配资赶上绝路？

2015年股市暴跌，许多人将其归因于证监会清理场外配资。当时，一则消息引起了我们的注意。具体来看，恒生电子、同花顺以及上海铭创都同时接到证监会的立案调查通知书。换言之，证监会决定对上述公司进行立案调查。

与此同时，同花顺发布公告表示，如公司存在或涉嫌存在重大违反证券法律法规的行为，公司股票将被深圳证券交易所实施暂停上市。

实际上，遭到证监会立案调查的三家公司，都具备了一个共同点，即为场外配资提供了便利。

其中，据机构数据统计显示，恒生电子、同花顺以及上海铭创这三大配资软件接入的客户资产规模合计近5 000亿元。其中，恒生电子所占的比重最大，而同花顺占比相对偏低，却也达到60亿元左右。

谈及场外配资，我们很容易联想起前2个月发生的股市暴跌行情。根据数据统计，以上证指数为例，自6月15日以来，市场在短短3周时间内，就下跌超过35%，下跌空间高达1 800多点。至于中小创业板指数，更是出现了超过40%的跌幅。具体股票方面，被“腰斩”的股票比比皆是。

显然，那一次的股灾实则与场外配资的疯狂扩张脱不开关系。然而，这一业务的扩张高峰期，其实是在2015年年初之后。换言之，在短短两三个月的时间内，场外配资的业务规模就出现了倍数式的增长，其规模增速远远大于同期的场内融资。

值得注意的是，从那几个月的市场政策来看，实则早在2015年五六月份，证监会就已经意识到场外配资业务的疯狂式扩张。就在2015年的5月底，证监会要求证券公司全面自查自纠参与场外配资的相关业务等。

然而，在丧失理性的市场环境下，这种政策性的警告，似乎起不到本质上的作用。到了6月份，在证监会严查严打场外配资的大环境下，此时的市场才真正意识到场外配资业务的高风险性。

显然，从七八月份的政策举动来看，“去杠杆化”已然是一种不可回避的大趋势。其间，恒生电子、同花顺等公司也先后采取暂停新增配资系统业务的举措。此外，随着证监会对场外配资打击力度的逐步加大，不少配资公司也加快了整顿业务的步伐，更有部分涉及配资业务的P2P公司将原有的配资业务全部下架。

不过，令人困惑的是，虽然证监会已经加大对场外配资业务的打击，但是仍有不少配资公司延续之前的配资业务，且配资的手段更加隐蔽了。此时此刻，对于证监会来说，这种现象的普遍存在加大其严查严打的难度。

事实上，对于证监会而言，进一步加大对场外配资的清理行动，乃至把这些场外配资赶上绝路，实则是为了给A股创造出一个良好健康的市场环境，让市场逐步回归理性。

但是，对于当时的市场而言，证监会加快清理场外配资，或会给短期市场带来一定的波动风险，加大投资者的操作难度。不过，从中长期的角度看，只有这个潜在风险得到有效清理，市场方可走出逐步回暖的行情。显然，这也是稳定市场、提振投资者投资信心的最大前提。

1.7 央行支付新规，毁掉了“互联网+”的前程?

央行实行支付新规！一则重磅消息引发社会各界的热议。具体来看，央行发布了《非银行支付机构网络支付业务管理办法（征求意见稿)》(以下简称《征求意见稿》)。细看规定，一份看似简单的《征求意见稿》，却似乎对“互联网+”的发展现状充满了敌意。受此影响，互联网板块出现大幅回调的走势，而深受冲击的相关股票，则出现了再度暴跌的格局。

值得一提的是，在这一份《征求意见稿》颁布之后，不少业内人士都大呼“玩不下去了”。而广大消费者也纷纷表示“不理解”。那么，这一份备受争议的《征求意见稿》，果真具备如此强悍的杀伤力吗？

事实上，从这一份《征求意见稿》中，我们可以看到诸多的亮点。其中包括对采用不包括数字证书、电子签名在内的两类（含）以上要素进行验证的交易，第三方支付单个客户单日累计金额应不超过5 000元；至于仅采用一类验证要素甚至不采用验证要素的，则单日累计金额不超过1 000元。与此同时，亦有规定显示，除单笔金额不足200元的小额支付业务，以及公共事业费、税费缴纳等收款人固定并且定期发生的支付业务外，支付机构不得代替银行进行客户身份及交易验证等。

笔者认为，这一份《征求意见稿》实则离不开一个核心，即在互联网飞速崛起的时代下，这一趋势也在不断削减银行等金融机构的主动权。在此背景下，银行等金融机构为了维护自身的权益，或以防范金融系统性风险为由，采取一种回收主动权的手段，试图重新确保其稳定市场的核心地位。

不可否认，在这几年中，随着互联网的迅猛崛起，我们的生活方式被深刻地改变了。与此同时，随着快捷支付等模式的深入人心，其潜在的漏洞也被不少不法分子利用，从而给我们的支付安全带来巨大隐患。

除此之外，对于第三方支付而言，在其爆发式发展的同时，实则已经背离其小额支付的本质。如此一来，既在很大程度上冲击了银行等金融机构的合法权益，又在一定程度上为部分不法机构创造出洗钱的渠道，为市场带来潜在的巨大风险。

规范这一行业的发展，本来属于合情合理的事情。但是，若过度规范，却容易演变为刻意扼杀。对此，或许可以认为，随着新规的落地，实则在很大程度上毁掉了“互联网+”的发展前程。

我国正处于经济转型的敏感时期。然而，在这一敏感时期内，社会的发展也急需保持高效率的运行状态。

因此，互联网发展全面开花，实则促进了社会的高效运行。而网上支付的便捷性，实则也在很大程度上提升了消费者的体验快感，大幅提升了社会的整体消费能力，从而为大量的企业打开了盈利的瓶颈。

在此环境下，“互联网+”模式得以崛起，而传统金融机构的垄断模式也受到一定程度的冲击。于是，直接倒逼传统金融机构的改革与转型，让其更好地为实体经济服务。

遗憾的是，此次《征求意见稿》的颁布，确实给我们带来了一些失落感。

具体来看，一方面，网上支付门槛大幅度地提升，严重打击了消费者的体验快感，随之而至的，就是社会效率降低，传统金融机构垄断优势进一步凸显；另一方面，会给第三方支付机构带来沉重的打击，而近年来迅速崛起的P2P等新兴发展模式，也会因通道成本的大幅提升，而陷入大洗牌的格局。

显然，在国内，一纸政策往往具有决定性的影响。换言之，对于多数企业，尤其是涉及“互联网+”概念的企业而言，如今基本处于

“成也政策，败也政策”的尴尬局面。

笔者认为，行业规范固然重要，而提升用户资金安全也是不容忽视的。但是，在实际操作中，央行不能以“资金安全”为借口，盲目采取过度的规范手段，进而剥夺消费者的体验快感，大幅降低行业的运作效率，甚至还要把创新扼杀掉！

由此可见，这一份《征求意见稿》并不能满足各方的真实需求，反倒有一种过度宠幸银行等金融机构，盲目扼杀创新的意味。显然，管理层在政策制定时确实需要从多角度、多层面去考虑问题，不该因“安全”而毁掉了“创新”。（来源：凤凰网）

央行给“网络支付”划地盘　银行笑了

支付宝、财付通等第三方支付机构在互联网金融创新的路上披荆斩棘，除了最初的网上支付功能外，理财、转账、红包等一个个新功能被开发出来。支付机构有不断向传统金融攻城略地的趋势，不过，这种趋势或将终止。

2015 年 7 月 31 日，央行发布了《非银行支付机构网络支付业务管理办法（征求意见稿）》，该意见稿一经发布就在网络上引起了极大的争议。争议主要聚焦在两点：一点是该意见稿将降低人们使用第三方支付的用户体验；另一点是该意见稿有可能成为第三方支付乃至互联网金融未来发展的绊脚石。

首先受到影响的用户体验是身份验证。若想开设既能够消费又具有转账、理财等功能的综合类支付账户，用户必须通过面签或者五个以上渠道核实身份；而消费类支付账户也需要通过三个以上渠道来核实身份。意见稿实施后，之前验证信息不足的用户需补足信息。

第二个受影响的用户体验是支付账户可使用额度的限制。综合类支付账户、消费类支付账户的限额分别为每年20万元、10万元。超过限额，则需通过银行网关模式或银行快捷支付模式进行支付。

也就是说，补充足够身份信息后，小额以及限额内的支付基本不会受到此次意见稿的影响，而大额以及限额之外的支付，将增加验证步骤，其用户体验类似于国有银行的网上银行和手机银行。

尽管大众的关注点主要在于用户体验是否受到影响，但实际上，央行出台意见稿的目的在于遏制第三方支付机构银行化、银联化趋势。而正是这个政策意图决定着未来第三方支付行业的发展前景。自央行颁发支付业务许可证以来，累计已有270多家第三方支付机构获得牌照。

从意见稿中不难发现，央行遏制第三方支付机构的手段是最小化用户留存在支付机构上的余额。无论是综合类支付账户、消费类支付账户分别规定的年累计20万元、10万元限额，还是禁止支付机构为从事金融业务的机构开设账户，都意在减少支付机构账上的沉淀资金，迫使支付机构做一个纯粹的支付结算通道、退出清算通道。

在用户可以在支付机构账上留存大量资金的时候，支付机构可以开发更多的功能吸引更多的用户往支付机构账上留存更多的资金。而这些功能可以是消费、转账、理财……支付机构不但因此越来越像银行，而且还越来越像负责银行卡跨行清算的银联，有发展成为超级银行的趋势。用户的支付数据或资金的转移数据将留在支付机构的服务器上，不被银行甚至监管部门实时掌握。

清算系统被视为金融基础设施，一直由央行垄断。面对诸如支付宝等支付机构慢慢自我形成的另一套清算系统，央行选择出手干预，适时圈定支付机构的业务范围。

在央行保全自身对清算系统垄断的同时，在互联网金融面前显得笨重的银行或许也能分得一杯羹。比如大额交易或限额之外的交易方面，支付机构的用户体验将向传统银行的网上银行和手机银行靠拢。

更重要的是，意见稿对第三方支付机构的业务范围做出了规定。央行限制用户向支付机构“存钱”，有助于将沉淀在支付机构账上的一部分资金逼回到银行账上。这对于那些本来就对互联网金融存有进取之心的银行来说，是好事。(来源：《东方早报》)

央行“最严”网络支付新规背后：五问“我就是我”

“这么多机构证明，让支付账户的发展以后变成一件很难很难的事。”8 月 3 日，一位不愿透露姓名的业内人士对记者感慨。

按照央行发布的关于网络支付的意见稿，其中，支付机构为客户开立支付账户的，应当对客户实行实名制管理，登记客户身份基本信息，核实客户有效身份证件，按规定留存有效身份证件复印件或者影印件，并通过三个（含）以上合法安全的外部渠道对客户身份基本信息进行多重交叉验证，确保有效核实客户身份及其真实意愿，不得开立匿名、假名支付账户。

这意味着，此前通过第三方支付证明“我就是我”，只需要提交身份证、银行卡和在银行预留的手机号码，但新规要求，用户需要找到更多外部渠道，如工商、税务、教育机构，甚至街道办事处等多个外部机构的证明。

多家第三方支付公司表示，还需要对意见稿做非常仔细的研读。“办法总体上还是从防范金融风险出发，压缩蓄水池和体外资金规模，办法的影响我们都还在研究。”一位不愿透露姓名的第三方支付机构人士对《第一财经日报》记者说。

交叉验证落地有待考证

按照意见稿，外部验证渠道包括但不限于政府部门数据库、商业银行账户信息系统、商业化数据库等能够有效验证客户身份基本信息的数据库或系统。

除了在开立支付账户时，需要三个（含）以上合法安全的外部渠道对客户身份基本信息进行多重交叉验证之外，意见稿显示，支付机构为个人客户开立支付账户并基于支付账户余额办理网络支付业务的，如果是消费类账户，需要三个机构对用户进行身份验证；如果是具备理财、转账功能的综合账户，则需要五个机构来验证。

但在交叉验证方面，“如何落地有待考证”，一名支付平台内部人士此前对记者表示。

事实上，从外部验证渠道来看，只有公安网拥有全部中国公民的个人身份信息，人们能够想象到的获取数据的机构，如税务、社保等机构所拥有的并非全部数据，而是部分数据。

例如，部分用户从未缴纳过社保，因此社保数据空白。此外，由于三四线城市及农村偏远地区的用户数据未被数据拥有机构所采集，因此交叉验证无法实现。

“互联网创新一部分是针对这样未被传统金融机构覆盖的群体提供服务，但是就当前来看，可能将会面临开户无法操作的现实境况。”在上述支付平台内部人士看来，未来如何拓展新增用户是摆在第三方支付机构面前的问题。

“但总体而言，可以看得出，央行意见稿每个版本的更新，对创新这一块还是持鼓励和支持态度的，具体的内容肯定还需要更多的沟通、互信以及建设性意见。”一位从业人士对记者表示，“我相信大家的初衷都是好的，就是促进互联网金融的发展。”

百度钱包相关负责人对《第一财经日报》表示，近年来我国第三方支付快速发展，并开始深刻影响网民的消费生活。央行此次发布的《非银行支付机构网络支付业务管理办法（征求意见稿）》，正是针对第三方支付及互联网金融的发展情况，进一步规范和完善监管措施，以更积极开放的方式与各方进行探讨。当前百度钱包的做法是将根据实践经验，认真收集反馈，与监管部门保持沟通，积极推进并配合相关规定的落实。

此外，京东金融相关负责人认为央行是肯定了第三方支付在电子消费领域以及支付通道方面的贡献。

“京东金融相关业务方会和监管层保持密切沟通，并在监管部门的指导和监督之下持续为用户提供便利、安全的支付服务。”京东金融上述负责人这样向记者解释道。

“发红包需五个证明”系误读

在央行关于网络支付的意见稿公布后，有用户调侃，未来如果要发微信红包，需要先向微信提交五个机构的证明来验证自己的身份。

“但事实上，如果直接定为五个机构，这等于是到官衙门口击鼓，可是喊重了冤情。”一位业内人士对《第一财经日报》记者说。

上述人士称，意见稿里的内容较复杂，对于红包这一件事来说，不能简单用几个机构开证明来说。

例如，从发红包的角度来说，有两种可能：一是使用意见稿中所说的支付账户支付；二是使用银行卡快捷支付。

具体而言，如果是后者，不涉及几个机构证明的问题，只需要走银行快捷通道，当然，这里也有另一个需要关注的点，就是200元以上，意见稿是要求银行额外验证的。

如果是前者，那就需要考究是消费类支付账户还是综合类支付账户。后一个涉及理财，所以需要五个机构证明。但显然发红包不涉及理财，所以理论上，它只跟消费类支付账户有关，因此按意见稿，这里是三个机构验证。

关于如理财通等互联网理财产品，上述人士称，虽然涉及理财，但并非从支付账户扣款，它是从银行卡直接扣款至基金公司。此外，第三方支付中的快捷支付扣款，是走银行账户，支付账户仍然只是通道功能，这个应该不会有影响。（来源：《第一财经日报》）

1.8 十部委力挺A股，为何仍未稳住市场？

市场传出了一则重磅消息。据媒体报道称，在决策层的统领下，证监会、央行、财政部、银监会、保监会、国资委、国家发改委、人社部、全国社保基金理事会以及国家统计局等十部委以不同形式对股市的稳定发展提供了支持。

值得一提的是，保监部门也再度喊话，要求险资机构从大局出发，尽可能不要净卖出权益类投资品种。与此同时，据数据显示，中信证券北京总部证券营业部、北京望京证券营业部、北京金融大街证券营业部在2015年7月20日前后鲜有出现在龙虎榜榜单上，而这3家营业部也合计买入17只个股，净买入金额为20.9亿元。

国家队的救市力度达到了前所未有的水平。然而，令人困惑的是，在如此强悍的救市举措下，A股也仅出现了一天的大幅反弹走势，而在次一个交易日内，即临近收盘的时刻，却再度演绎尾盘大跳水的走势。如此一来，刚刚激发的市场做多信心再度遭到扑灭。截至7月23日收盘，上证指数下跌2.2%，至于深证成指、中小板指数以及创业板指数，则分别下挫了3.33%、3.54%以及4.93%。

由此可见，即使十部委力挺A股，也仍未有效地稳住市场，稳住市场的投资信心，这确实让投资者感到失望。

市场的神经是非常脆弱的，甚至经受不起丝毫的利空传闻。

举一个例子，市场一度传出中国证券金融股份有限公司已归还部分商业银行的同业贷款。此外，市场亦传出了IMF敦促中国停止救市措施等。受此影响，周初市场出现了接连暴跌的走势，其间市场累计最大跌幅超过了10%，一举抹掉之前半个月艰难累积的涨幅。

随后，受证监会及时澄清消息，以及国家队再度大举进场的消息刺激，市场的下跌动能才略有减缓。但是，经历了周初市场的短暂创伤之后，市场的“人心”出现了进一步的溃散，而这意味着往后市场的“人心”修复会越发艰难。

值得注意的是，经过一段时期管理层的迅速“去杠杆化”之后，市场的资金杠杆率也出现了大幅下滑的迹象。显然，在杠杆工具对股市影响逐渐趋弱的大环境下，实则也降低了市场自身潜在的巨大风险。

事实上，在这轮股灾爆发之前，场内融资加上场外配资的总规模或已超过4万亿元。但是，经过1个月市场加速“去杠杆化”的动作后，市场杠杆资金的规模已经迅速地回落。

其中，以场外配资为例，在2015年7月初管理层严打场外配资，叫停场外配资端口接入等举措后，多数P2P股票配资业务被迫暂停，不少民间配资渠道也压缩了规模。

再以场内融资为例，2015 年 6 月初，A 股市场两融业务余额接近 2.3 万亿元的规模。后来，两融业务余额大幅回落至 1.38 万亿元以下的水平。由此可见，仅仅经历了 1 个多月的时间，A 股市场的两融业务余额就大幅回落近 1 万亿元。

笔者认为，对于牛市行情，实则“成也杠杆，败也杠杆”。市场杠杆资金对股市的撬动影响大幅减弱，而管理层也很难再度推出能够匹配两融等的类似的市场工具，这意味着牛市再度崛起的推动因素基本缺失了。

国家队全力救市的进程依然没有改变，但随着国家队加大对股市的救助力度，实则也让 A 股产生了严重的依赖感。不过，退一步来说，在当时极其疲软的市场环境下，如果国家队大胆放开“双手”，让股市实现自我调节，或许，市场早已失控，这也并非是大家想要的结果。

显然，在当时的市场环境下，国家队的大举进场，起码显示出国家救市的决心，这为未来股市企稳创造出有利的政策环境。但是，对于疲软的股市而言，底部的构筑也是需要时间的。换言之，即使国家队大举进场，管理层频发利好政策，也不一定能立马完成修复市场投资信心的目标。

1.9 基金“88 魔咒”要与我们告别了吗？

2015 年 8 月 7 日股市的上涨，引起了不少投资者的关注。然而，备受市场热议的，并不是指数最终涨了多少，而是当天市场为何能够出现高开高走的走势。

事实上，股市的异常表现，主要受到几个因素的影响。其中包括当天盘中上证50ETF期权合约的突然停牌以及股票型基金中的股票仓位要求从60%提高至80%等。

以后者为例，其实早在2013年4月份，管理层就发布了《证券投资基金运作管理办法》的意见稿，并于当时拟订将股票型基金仓位下限从60%提高至80%。而在2014年7月份，证监会发布了《公开募集证券投资基金运作管理办法》（以下简称《办法》）及其实施规定，并于2014年8月8日起开始实施。

值得一提的是，在《办法》中提到："提高股票型基金的股票投资下限：股票型基金的最低股票投资比例由60%提高至80%，新办法实施之日起1年后开始执行。"

实则这一管理办法的过渡期已经结束，这意味着管理新规将会正式实施。换言之，从2015年8月8日起，股票型基金的最低股票投资比例会由原来的60%提高至80%。因此，相关的股票型基金需要及时调整投资的比例。

正所谓"你有张良计，我有过墙梯"。实际上，就在管理新规正式落地之前，不少基金公司已经做出了灵活的转变。

其中，为应对新规的限制，当时已有不少的基金公司掀起了更名潮，即将原来的股票型基金转变为混合型基金。据机构数据统计显示，当时长城、信诚、中欧等基金公司旗下已经没有了股票型基金，而其余的基金公司也迅速做出了调整。

除此之外，值得我们关注的是，发行的疑似国家队主导的基金却存在着一个共性，即其发行的基金类型基本以混合型基金为主，而甚少发现股票型基金的身影。如此一来，其发行的背后意味值得市场去深思。

那么，管理新规落地之际，为何基金公司掀起了更名潮呢？

对此，笔者认为，究其原因，还在于两大方面的影响。

一方面，为了获得更大的主动权，防止因持仓限制而引发的被动局面；另一方面，尽可能回避市场系统性风险的巨大冲击，尤其是经历过股灾风波的影响，不少基金公司不得不做出更名的选择。

从股票型基金转变为混合型基金，其本质是为了规避新规的限制，由此为自身获取更大的主动权。

在实际操作中，随着新规的落地，股票型基金的投资上下限范围也缩小至80%～95%。但是，对于混合型基金而言，其在配置上却更显灵活，普遍对应的投资上下限范围也基本为60%和90%。

由此可见，与股票型基金相比，混合型基金的灵活性就相当显著了。除此之外，混合型基金还可以分为偏股型基金、偏债型基金以及配置型基金等多种类型。至此，也为相应的基金公司创造出更大的主动权。

值得一提的是，谈及公募基金，不少老股民就会轻易联想到基金“88魔咒”。

根据过往的经验，每当主动型股票基金的整体仓位接近或者达到88%的水平时，也就预示着市场即将形成阶段性的头部，而市场调整也可能会一触即发。

不过，笔者认为，在管理新规正式推出之后，或许我们要对基金“88魔咒”的影响力重新做出判断。究其原因，主要有几方面的考虑。

其一，新规改变了以往股票型基金投资比例的上下限范围，而不少股票型基金趁机转变为混合型基金，因此基金“88 魔咒”的影响力会大打折扣。

其二，随着市场主导力量发生显著变化，以往以公募基金为主导的市场特征，已逐渐得到改变，这对基金“88 魔咒”的冲击力是不可估量的。

其三，随着管理层严查严打场外配资，结合场内融资规模的持续缩水，未来市场的新增流动性涌入预期将会明显减退。对此，不少基金公司或将改变原有的投资理念，或逐步采取游击战等战术，试图适应未来市场行情的变化。

因此，随着新规的落地，以及市场环境的迅速变化，投资者不必过分迷信基金“88 魔咒”的破坏力。

第2章 A股制度设计

2.1 融券规则修改，别把它高估了！

融资融券规则修改，能够给股市带来重大利好吗？我们的答案是否定的，以2015年8月为例。

当时，沪深交易所对融资融券交易实施细则进行了修改。修改后的条文，变更为“客户融券卖出后，自次一交易日起可通过买券还券，或直接还券的方式向会员偿还融入证券”。

显然，这一修改实则强调了“自次一交易日起”，核心在于将融券操作的模式，由“T+0”转变为“T+1”。

确实，这一改动，会向市场传递出重要的信号。或许，这也是管理层维稳市场的一项重要举措。

过去，两融规则与沪深交易市场的交易规则存在较大的差异，由此容易引发部分账户借助这一制度差异，出现低成本的变相日内多次回转交易的行为。如此一来，实则也加剧了大资金大机构与中小股民的交易不对等性。具体而言，即大资金大机构可以借助此制度差异，实现日内的风险对冲。但是，达不到准入门槛的中小股民无法实现日内风险对冲。

此次融券规则的修改，实则对那些变相实行日内回转交易的高频操作者敲响了警钟。从本质看，也给这类群体增加了交易成本，限制其相关的套利行为，从而达到强化市场交易对等性，降低市场日内波动风险等目的。

值得一提的是，在融券规则修改后不久，中信证券等多家券商也先后宣布暂停融券交易，向市场传递出进一步的维稳信号。

与此同时，就在交易时间内，上交所也加快对存在异常交易行为的证券账户采取自律监管的措施。据数据统计，自 2015 年 7 月 30 日以来，沪深两市合计有 43 个账户遭到了监管。其中，上交所再度对 9 个存在异常交易行为的证券账户采取了自律监管的措施。

由此可见，在国家队全力救市的大环境下，管理层试图用尽一切可行方式来稳定市场，从而恢复市场的投资与融资功能。而从 A 股市场的走势来看，也似乎受到了极大的提振。截至收盘，上证指数上涨了 3.69%、深证成指上涨了 4.52%。至于中小板以及创业板指数，则分别上涨了 4.56% 以及 6.12%。

或许，融券规则的修改，会给市场投资者的投资信心带来极大的鼓舞。然而，从实际情况分析，融券规则的修改，我们却不应该把它的影响力高估了。

多年来，随着两融工具的持续火爆，两融业务规模也得到了持续性的爆发式增长。其中，就在 2015 年 6 月初，沪深两融业务规模一度接近 2.3 万亿元的水平。然而，在随后“去杠杆化”的进程中，两融业务规模却出现了大幅回落。但沪、深市场的两融业务规模仍然达到 1.2 万亿元以上。

不过，在两融业务规模持续膨胀的过程中，我们却发现了一个问题，即融资与融券的业务发展处于严重失衡的状态。简而言之，即融券业务整体占比很低，相较于迅速壮大的两融规模，其影响力甚至可以忽略不计。

因此，在融券规则修改的背后，我们确实不能把这一消息看得过于乐观。不过，从市场的心理层面分析，融券规则修改，也或多或少地减少了市场上涨的心理包袱。但是，若因此认为股市能够真正反转，恐怕为时尚早。

“成也杠杆，败也杠杆”当属当时A股市场的真实写照。虽然我们并未真正看清对手的真面目，但是，随着一些线索逐渐浮出水面，我们逐步意识到当时A股市场的潜在漏洞真的很多，而且很致命。

对此，笔者认为，融券规则修改仅仅属于稳定市场的第一步。除此之外，我们还得把A股市场中的信息不透明、制度不对称等问题处理好，还给投资者一个公平、公正的市场环境。

2.2 “T+0”是真正的利好，何时落实却是一个谜

上交所曾经发布报告称，蓝筹股投资价值正在凸显，但仍然需要包括“T+0”在内的机制改革来推动。更有权威人士透露，股票市场实施“T+0”交易的推进速度比想象中要快，初期将会选择上证50成分股作为试点。

所谓“T+0”，是指当天买入的股票可以在当天卖出。对于市场而言，“T+0”的主要看点在于两个方面。其一是在“T+0”的交易模式下，一笔资金可以反复操作，在不增加市场资金存量的基础上，大幅度激活市场的流动性，有效提振市场的人气；其二是“T+0”交

易模式能够让普通投资者拥有纠错的机会。特别对于期现市场间交易制度不对称的现状，“T+0”确实具有很好的修复功能。

据权威人士透露，上证50成分股有望成为“T+0”初期试点。事实上，此举具有探索性的意义。

从当时披露的上证50成分股名单中，银行股占据近20%的份额。其中，大部分银行股的动态市盈率已经低至5倍以下，远远低于国际成熟市场的银行股票估值。

值得注意的是，从整体的数据分析，代表蓝筹股的上证50指数的静态市盈率仅为7.14倍，远低于上证综指的静态市盈率水平。此外，上证50板块个股的平均市净率低至1倍，破净的股票家数占据全板块的30%以上！

然而，令人感到困惑的是，在该板块估值屡创新低之际，却没有受到资金的青睐。从过去几年的表现分析，该板块中大部分的个股基本呈现出长期疲软的走势。究其原因，主要在于过去几年A股市场的流通市值迅猛增长，而新增流动性已然无法追赶市场容量的膨胀速度。于是，作为占据流通市值较大的蓝筹股票，基本处于无人问津的状态。

显然，管理层拟将上证50成分股作为“T+0”初期试点，实际上是期望借助“T+0”来激活长期疲软的成分股。

如果这一机制能够实施，主要受益者当属普通投资者。该模式在期现交易不对称的大环境下，能够在一定程度上缓解大资金大机构与普通投资者之间的矛盾。

回顾之前的“8·16光大乌龙事件”，当天上午71只权重股票瞬间涨停，引发不少的跟风买进盘。然而，随着事件的确认，午后市场却出现了180度的大转弯，多数股票基本上回到了原点。

不过，面对当天市场巨大的波幅，大资金大机构与普通投资者却呈现出不一样的结局。对于大资金大机构而言，它们可以借助股指期货套利以及ETF操作等手段实现纠错，甚至还可以扭亏为盈。至于普通投资者，却因跟风追高买入，同时无法达到相关的操作门槛，最终导致严重的损失。

因此，重启“T+0”交易制度更大的作用在于弥补长期市场交易制度的缺陷。虽说“T+0”交易制度曾经因过度的投机而被迫暂停，但现时的市场环境已截然不同，重启“T+0”交易制度已经是迫在眉睫的事情。遗憾的是，“T+0”交易制度何时真正落地，仍然是一个谜。

2.3 A股“市梦率”究竟何时破灭?

新高之后又是新高，这是当时创业板走势的真实写照。当时创业板的平均市盈率已经超过110倍，对应的流通市值也接近4万亿元的水平。

显然，用市盈率来预测创业板的运行趋向，或许会被笑话。因为，在当时市场中，涨得最猛、涨得最快的股票往往是那些不被价值投资者看中的高估值低流通市值的股票。相反，那些估值偏低却具备偏高流通市值的股票，却长期得不到大资金的追捧。

上证指数已经到达了4 300多点的位置。显然，在之前的时间内，股市累计最大涨幅已经超过了120%，股市上涨的空间也达到了2 000多点。然而，与之相比，创业板的表现却更为显眼。当时，创业板与上证指数的差距仅有1 200多点。但是，如果按照当时创业板的涨速，不排除在未来的时间内，创业板指数点位会超越上证指数。

随着股市的持续飙涨，不少投资者产生忧虑。但是，从具体的数据分析，也确实让市场大跌眼镜。

具体来看，当时低于10倍动态市盈率的股票仅有31只。其中，银行股占据了16个席位，地产股占据了2个席位。至于占比权数相对偏大的电力股，也占据了5个席位，而其余席位分布于其他的行业。

值得注意的是，在当时A股市场2 700多只股票中，亏损股票就占据了554只，占比高达20.2%。除此之外，动态市盈率超过1 000倍的上市公司，包含亏损的上市公司，则多达672家，占24.52%。

至于动态市盈率超过100倍的上市公司，含亏损的上市公司，则多达1 535家，占56%以上。由此可见，在持续飙涨的A股背后，确实隐藏着一定的估值风险。

事实上，在每一轮牛市行情中，总会诞生一些百元高价股。但是，纵观此轮牛市行情，其诞生的百元高价股数量却较以往明显增多。

据数据统计，截至2015年5月11日收盘，在高于100元的高价股中，就有47家上市公司。其中，创业板上市公司就占据了30个席位。

本来，A股市场诞生多只百元高价股，值得市场骄傲。因为，随着市场百元高价股票的数量增多，实则预示着市场的价值得到提升，上市公司的市值增长得到了肯定。

然而，就当时而言，虽然百元高价股的数量明显增多，但是却让投资者看到了价格泡沫的弊病。

具体来说，在当时47家上市公司中，动态市盈率高于1 000倍的上市公司占据了13个席位。而动态市盈率高于100倍的上市公司，则占据了35个席位，且多以创业板上市公司为主。

实质上，在这类具备高估值的百元高价股背后，普遍具备两个共性。

其一，机构抱团，股东人数锐减。

以当时股价超过400元的安硕信息以及全通教育为例，其对应的前十大流通股东基本属于公募基金以及社保基金。然而，在机构抱团的背景下，相关股票的业绩表现却平淡无奇。而随着股价的持续飙升，却进一步倒逼股东人数持续下滑。更有部分机构，趁着股价的持续攀升而大举加仓，进而达到高度控股的状态。

其二，借助各种热门题材，对股票进行大肆炒作。

纵观爆炒的高价股，实质都具备了一些优势。诸如流通股本较小、题材多样化以及贴近当时的炒作主题等。

就以备受热议的全通教育为例，全通教育不仅属于A股市场中唯一一家以“教育”为名的上市公司，同时还具备了并购重组以及高送转等热门题材。于是，在多种优势之下，也给全通教育的爆炒创造了极佳的机会。

如此一来，也就给相关的股票创造了爆炒的机会，而所谓的“市梦率”也被发挥到了极致。

在牛市行情中，却时刻呈现出这样一种怪象，即市盈率总是拼不过“市梦率”，而价值投资者也始终比不上价格投机者。

确实，这就是当时A股市场的真实写照，同时也是A股市场投机氛围过于浓厚的具体表现。不过，反观一些低估值的权重股票，大资金不进行大举拉升，或许也在情理之中。

对此，笔者认为，这类股票的流通股本相对较大，散户众多，即使属于机构云集的类型，也没有人愿意当救世主。因为，一旦这类股票的价格得到了拉升，必然引发大量的抛售，此时不少潜藏已久的机构资金或将借机减持，由此给股价拉升带来巨大的阻力。此外，这类股票多属于传统企业，缺乏可预期的成长空间，且长期依赖于滞后的发展模式。至此，与具备外延式扩张能力的部分中小市值股票相比，大资金大机构更热衷于炒作这类型的上市品种。

“市梦率”何时破灭？市盈率何时得到真正的挖掘？或许，还是由大资金大机构说了算。

2.4 证监会的大动作对股市影响几何？

在中国牛市中，每逢周末都会引起市场的高度警惕。因为，在牛市行情下，尤其是当时的疯牛市场，股市的走势都会引起管理层的高度重视。显然，在中国股市里，“一纸政策”的威力确实相当显著，而诸多的政策也常见于这一敏感的时间点。

显然，中国证券市场经历了一个不平常的周末，此时此刻，对于不少满仓持股乃至加大资金杠杆买股的投资者而言，确实是一个难熬的日子。

纵观这段时间的消息面情况，证监会的诸多举动引起了投资者的不安。其中包括，证监会严查股市造谣、修订两融管理办法以及叫停场外配资端口接入等。

显然，从证监会的诸多举措中，我们不难发现，面对当时以高杠杆工具为主导的疯狂行情，证监会意在给股市降温，加大对股市的“去杠杆化”力度。

实际上，当时的市场两融规模，已然创下历史规模之最。据数据统计，当时沪深市场的两融业务规模已经突破 2.17 万亿元。其中，融资余额占比高达 2.15 万亿元以上，而融券余额却不足百亿元。

按照国外成熟市场的数据统计，融券业务约为融资业务的 1/4。与之相比，国内证券市场的融资与融券占比却呈现出明显的失衡状态。显然，融资与融券体量的不对称性是造成市场单边融资的主要原因之一。

值得一提的是，在实际操作中，因中国证券市场的融券体系仍然发展不成熟，机构多不愿意借券，从而导致市场长期出现融券困难的局面。如此一来，也给市场融资带来了更多的空间，而市场也逐渐演变为单边做多的局面。

不过，需要注意的是，虽然不少券商采取了补充净资本的做法，但是，按照单一证券公司融资融券余额不得超过本公司前一月末净资本 4 倍的限制，当时我国两融业务规模也已逐步接近上限的位置。同时，当时市场上已有不少单只标的证券的融资余额接近该证券上市可流通市值的 25%，由此引发了市场的高度重视。

对此，已有部分券商采取了调整保证金率或者调出部分两融标的证券以控制业务规模的做法，达到了防范风险等目的。

除此之外，证监会叫停场外配资数据端的服务，并要求券商采取自查场外配资业务等举措，由此实现进一步“去杠杆化”的目的。但是，上述举措真的能够对市场起到很好的降温效果吗？

笔者认为，对于当时火爆的市场行情来说，证监会确实需要做出一些降温的举动。不过，即使股市“去杠杆化”预期强烈，也无法摆脱几个现实问题。

其一，我国证券市场的融资与融券体量存在严重不对称的问题，由此导致市场出现单边做多的非理性行为。与此同时，因融券体系发展并不完善，机构多不愿意借券，导致市场呈现出融券困难的局面。

其二，股市加速“去杠杆化”，仅堵住一个资金进口。面对各路资金的疯狂涌入，管理层无法全面控制。于是，在新增流动性源源不断涌入的大环境下，把股价炒到了天上去。

其三，市场监管不力，虚假谣言满天飞，而垃圾亏损股票也借助各种传闻把股价炒到了天上去。此时的监管机构，却并未采取有效的手段给予处理。显然，在当时违规成本极低的市场环境下，实则纵容了这类市场疯狂炒作的行为。

笔者认为，证监会的大动作，确实会对市场的心理构成一定的冲击影响。但是，从本质上看，证监会的系列行动并未能起到给市场真正降温的效果。因为，一旦庞大的流动性冲了进来，即使证监会堵住了一些资金进口，也未能让这些疯狂的资金保持理性。

多年来，市场的运行体系不大成熟，政策制度很容易遭到市场的误读。与此同时，市场违规成本过低，容易推动各路资金对市场股票的疯狂爆炒。更为普遍的是，部分上市公司与机构合谋，大幅做多股价，由此达到双赢。显然，在此环境下，中国股市要想形成“健康牛”的格局，几乎是无法实现的。

2.5 特殊市场环境下的注册制度

投资与融资，本来属于一个证券市场必备的基本功能。然而，对于A股市场来说，却只有投资的功能，而缺失了融资的功能。

对2015年8月份的市场来说，IPO暂停已经超过1个月的时间。然而，在A股市场，管理层仍然不敢轻易恢复IPO，更谈不上全面铺开注册制度了。或许，只能适时适度地恢复部分上市公司的再融资审核，以满足部分企业的再融资需求。显然，就当时的市场环境而言，市场的神经依旧脆弱，完全承受不了丝毫的利空冲击。

实际上，2015年8月份以后，A股市场的走势也不尽如人意。其中，以上证指数为例，市场并未能实现向上突破的走势，反而再度陷入了震荡探底的格局。截至8月20日收盘，上证指数最终失守3 700点整数关口，并再度考验前期国家队资金入场的核心区域的支撑力度。

由此可见，当时的A股市场是相当疲软的。而在市场缺乏新增流动性涌入的预期之下，实则也制约了股市的反弹高度。相反，若市场遇到一纸的利空传闻甚至是一纸的利空公文，都会给市场带来沉重的冲击。此时此刻，我们不得不承认一个事实，即A股市场的投资吸引力正在不断降低。显然，与前两个月的市场环境相比，当时A股的市场环境也逊色了不少。

对此，在当时的市场环境下，既然IPO在短期内无法重启，那就意味着注册制度的全面铺开也不得不陷入无限期延迟的尴尬局面。

值得一提的是，根据资料显示，《中华人民共和国证券法》修订草案当时尚未进行公开征求意见，全国人大常委会8月会议亦无相关审议内容，这也意味着年内推出注册制度的概率已经大大降低。

不可否认，前两个月的股市暴跌风波，确实给证券市场构成了沉重的冲击。与此同时，还彻底影响了诸多国家战略计划的推进进程，其中就包括了注册制度的全面铺开等。不过，换一种角度思考，如果没有了这一次的暴跌风波，我们也不会知道市场的危机应急能力是如此差劲。如此一来，实则也为管理层带来了诸多宝贵的治市经验。

谈及注册制度，其与核准制存在的最本质的区别，就在于其不会对上市公司的申报材料进行实质性的审核。换言之，只要上市公司的申报材料符合要求，把该披露的信息披露出来，则企业能否顺利上市，就完全由市场进行判断。

这种制度实则属于市场化程度最高的发行制度。当然，随着注册制度的全面铺开，将会有效打破原来发审委一揽大权的局面，并有利于缓解IPO“堰塞湖”等问题。

然而，在这种由市场说了算的发行模式之下，实则给了中介机构更多的主动权。换言之，中介机构是否尽职尽责地履行自身的义务成为注册制度顺利铺开的关键看点。但不可否认的是，随着注册制度的全面铺开，市场的准入门槛必然会大幅降低，这就给大量的企业发行上市创造了出路。

笔者认为，注册制度全面铺开的最大前提，就是要让市场实现真正的优胜劣汰功能。简而言之，就是要有效打破股市不死鸟的神话，尽可能把垃圾股票清理出A股市场。否则，在没有实现优胜劣汰的市场环境下，盲目推行注册制度，恐将会对A股市场构成深刻性的冲击。

或许，在当时疲软的市场环境下，年内推出注册制度的概率极低，甚至是不可能完成的任务。显然，稳定股市才是当时的首要任务。至于该不该推出注册制度，恐怕还没到考虑的最佳时机。

2.6 中国股市的风险释放已到尾声了吗?

经历了一段时间的大幅杀跌行情后，A股市场的整体估值压力已经骤然下降。然而，在市场估值风险得到大幅释放之后，市场并未走出逐步回暖的走势，反而呈现出继续探底的走势，这让不少抄底者陷入进退两难的地步。

实际上，与之前的市场数据相比，当时A股市场的部分指标也得到了较好的修正。

其中，以沪深两市的两融余额规模为例，在2015年6月上旬，该数值一度接近2.3万亿元的水平。然而，经历了多次的“去杠杆化”过程之后，该数值大幅下降至2014年12月中旬的水平。截至8月31日，沪深两市的两融余额规模约为1.0559万亿元，已较前期高点回落超过万亿元的规模。

除此之外，以沪深两市的估值水平为例，在2015年6月上旬，市场的估值压力巨大，而相关概念股的估值水平更是达到上千倍乃至上万倍的状态。不过，经历了2个月的杀跌行情后，不少股票的价格已经回落至2014年牛市启动时的位置。更有甚者，其股价还创出了近年来的新低水平。

当时，两市百元高价股仅剩5只，而5元以下的超低价股数量却大幅增加至100只左右。至于低于10元的低价股数量，也大幅增加至800多只。与此同时，市场中的破净股数量也明显增加，且基本集中在钢铁、银行等领域。由此可见，与前两个月的市场状况相比，当时市场的平均股价以及整体估值已经出现了大幅缩水的迹象。

市场风险的加速释放，是否预示着市场的风险释放已经到了尾声呢？

不可否认，经历了一段时期的大幅杀跌，不少股票已经回归至前期牛市启动时的价位。就当时而言，两市动态市盈率低于10倍的上市公司数量也已经增加至70家左右。不过，单纯以动态市盈率、平均市盈率等指标来衡量当时的市场估值水平，或许并不科学。而在实际操作中，投资者亦可参考市盈率中位数的情况，进一步提升整体的判断准确率。

显然，若用市盈率中位数来判断当时的市场估值，会有着不一样的结果。就当时而言，整体市场的估值风险仍然存在，并未实现完全挤压掉水分的目标。但是，当时市场估值两极分化的状况，实则在投资方向选择上给投资者提供了重要的参考。

其实，在一轮加速杀跌行情过后，往往会让部分已挤压掉水分的股票的投资优势再度凸显。与此同时，对于本已属于低估值的蓝筹股而言，在股市大幅下跌之后，其估值优势也会得到进一步的凸显。因此，对于这类股票而言，其风险释放也到了尾声的阶段。

但是，对于部分前期遭遇爆炒的高估值股票而言，虽然前期的股价已经遭遇到非理性的杀跌走势，但这并不意味着这些股票就能够随意抄底。

举一个例子，假设某一只亏损垃圾股票，其基本面状况非常糟糕，却因依靠某一热门概念，而在牛市行情中遭到了爆炒。其间，股价从两三元爆炒至100元。然而，经历了一轮杀跌行情之后，虽然该股股价也大幅缩水了60%，但其价格仍然高达三四十元，其基本面状况仍然无法支撑如此高昂的股价。如此一来，即使其间这只股票出现反弹的走势，仍然不能扭转其长期下行的大趋势。

因此，笔者认为，对于这类被爆炒的高估值股票，投资者仍然需要在反弹的过程中逐步调整仓位，不宜随意盲目抄底。相反，对于部分已挤压掉水分且基本面状况良好的蓝筹股，却是值得逢低吸纳，进行中长期布局。

A股市场已较前期最高点下跌近40%的空间。与此同时，沪深两市的两融业务余额也大幅下降至万亿元整数关口附近。由此可见，市场的估值风险已经得到较好释放。或许，在3 000点一带的重要区域，也基本符合中长期资金逢低布局的需求了。

2.7 四部委联合发文，为何还救不活A股？

面对市场持续疲软的走势，在2015年8月31日晚间，管理层再度放出狠招，试图提振疲软的A股市场。其中，备受关注的，莫过于当晚四部委联合发文力挺A股的消息。

具体来看，在当天晚间，证监会、财政部、国资委、银监会四部委联合发布《关于鼓励上市公司兼并重组、现金分红及回购股份的通知》，通过多种方式进一步深化改革、简政放权，大力推进上市公司并购重组；积极鼓励上市公司现金分红；支持上市公司回购股份，提升资本市场效率和活力。

然而，纵观2015年9月1日的A股表现，市场却并未因四部委联合发文的消息而出现明显的提振走势。相反，当天市场还出现了震荡走低的格局。截至收盘，除了上证指数小幅收跌 1.23% 之外，其余主要市场指数均以大跌报收，市场杀跌动能依旧强劲。

事实上，四部委联合发文的消息，对低估值的蓝筹股起到了很大的提振刺激作用。其中，从 9 月 1 日的市场盘面，即可清晰地看到这一典型的市场特征。

显然，对于 9 月 1 日的 A 股，若无以银行为首的低估值超级权重股的强力护盘，则恐怕对应的市场指数会相当难看。由此可见，虽然当天市场依靠部分超级权重股虚拉了不少点位，但市场仍然难逃千股跌停的局面。退一步来说，若这些强力护盘的超级权重股也加入到杀跌的队伍之中，则市场很可能创下阶段性的低点。

值得一提的是，在四部委联合发文力挺 A 股的同时，市场中的一些负面信息却极大地冲击着市场的投资信心。如此一来，也大幅削弱了利好消息对 A 股市场的提振作用。

其中，经济下行压力持续增加，无疑成为短期市场再度走弱的借口。

根据 2015 年 9 月 1 日公布的数据显示，中国 8 月制造业采购经理指数（PMI）小幅回落至 49.7，为时隔半年来首度跌破 50 的荣枯值，这同时也创出了 2012 年 8 月以来的最低数值。

由此可见，经济下行压力骤增的大环境确实在一定程度上压制了股市上涨的空间。

显然，当时疲软的 A 股市场基本处于放大利空、缩小利好的状态。因此，当市场出现一些负面性的信息时，就会被市场恶意放大，进一步挫伤市场的投资积极性。

除此之外，在当时市场对国家队资金救市依赖感越发强烈的背景下，虽然国家队资金也再度出手，并逐步加大救市的力度，但对于极度疲软的市场而言，国家队资金的救市举动并不能从本质上挽救疲软的股市，反而会产生一种国家队资金救市越陷越深的感觉。至此，国家队资金的救市举动，实则也陷入了进退两难的地步。

值得注意的是，在疲软的A股市场中，制度的诸多漏洞也容易引发部分不法资金及机构的恶意做空行为。

中金所的一系列举措，意在抑制市场过度投机的行为。与此同时，还在非套期保值持仓保证金、交易手续费以及单日开仓交易量等方面下了狠功夫，试图打击市场的恶意投机行为。

然而，在实际操作中，因国内市场的期现交易制度长期处于严重不对称的状态，结合市场中信息不对称等问题，由此容易让部分恶意做空的资金找到突破口。

按照中金所最新的举措来看，其主要针对非套期保值持仓保证金进行了严格的规定，且将相关的保证金大幅增加至30%。然而，作为期指套保盘而言，却并未有更加明确的规定。如此一来，在当时的市场环境下，虽然部分机构资金的套保需求不会像以往那样强烈，但是部分恶意做空的机构资金却巧妙运用了期现交易制度不对称以及市场信息不对称等漏洞达到恶意做空的目的。或许，就当时而言，中金所的系列举动，还未能精准打击到敌人的“心脏”部位。

不可否认，当时的A股市场已基本处于极度疲软的状态，而市场成交量能的持续萎缩也印证了市场持续做多的热情不足，市场投资信心仍未得到真正有效的提振。因此，在如此疲软的市场环境下，即使四部委联合发文力挺A股，仍然未能真正救活股市。

笔者认为，对于当时的 A 股市场来说，稳定依旧是首要的任务。至于市场的投资信心，或许将会有一段很漫长的恢复过程。因此，对于部分急于抄底的投机客来说，还得谨慎、谨慎，再谨慎！

2.8　中国股市该不该继续救下去？

在短短 2 个多月的时间内，A 股市场出现了两轮非理性的杀跌行情。其中，在第一轮下跌风波中，市场仅仅耗用 3 周多的时间，就下跌了 35% 的空间，个股更是普遍出现被“腰斩”的局面。至于第二轮的非理性下跌风波，指数也在短时间内出现了超过千点的下跌幅度，不少股票在原来价格的基础上再度出现暴跌的走势，其杀跌威力相当惊人。

实际上，这两轮非理性的下跌走势也是受到多重因素的综合影响。

第一轮的股市下跌风波中最典型的市场特征就是股票普遍存在严重高估的状态，而部分概念股的动态市盈率却高达上千倍乃至上万倍。与此同时，当时的市场也正处于加快“去杠杆化”的敏感阶段，而市场严查严打场外配资的行动，却引发了市场的过度恐慌，逐渐演变为当时股市加速下跌的导火索。

至于第二轮的股市下跌风波，则主要源自海外市场剧烈波动的冲击。与此同时，随着市场的再度下跌，价格也逐渐逼近券商两融的平仓线以及股权质押的警戒线。如此一来，实则也加大了市场的恐慌情绪，增加了市场企稳的难度。

显然，面对股市的非理性下跌行情，国家队资金也不可能坐视不理。但是，前期国家队资金的救市动作，却引发了市场的广泛热议。

2015年7月初，在股市下跌风险加速释放的过程中，国家队资金也开始逐步入市，试图提振当时疲软的股票市场。

事实上，当时国家队资金的救市行动，更重要的目的在于让市场恢复流动性。显然，在7月初市场陷入流动性危机的困局之下，国家队资金的强力救市，其本质目的就在于打破这一种流动性危机的困局，试图让市场恢复流动性。

经历了大约1个月的救市行动，本以为国家队资金的救市行动能够完美落幕，然而，在股市出现二次杀跌之际，国家队资金不得不再度出手。

其实，证监会也明确强调："今后若干年，中国证券金融股份有限公司不会退出，其稳定市场的职能不变，但一般不入市操作，当市场剧烈异常波动、可能引发系统性风险时，仍将继续以多种形式发挥维稳的作用。"

由此可见，股市的再度非理性下跌，实则已经触发国家队资金再度出手的条件。而此次国家队资金的再度出手，实则也暗示了若股市再度出现非理性下跌，或将引发金融市场的系统性风险。

证监会等多个部门也开始了相关的行动，并试图从根本上打击市场过度投机的行为。其中，中金所不仅大幅提高保证金比例，而且还严查期指客户，试图抑制市场过度投机的行为。

与此同时，证监会也要求50家券商向证金公司补充资金，以应对市场剧烈波动的走势。

显然，就当时而言，A股市场所处的形势仍然不容乐观。退一步来说，如果市场再度出现非理性下跌的行情，则可能引发股权质押风险的集中爆发，届时也将会对那些采取股权质押手段的上市公司造成致命性的冲击。如遇到更恶劣的情况，则作为接盘一方的银行、信托等机构，或将面临冲击。届时，股市的深度下跌，就可能引发金融市场的系统性风险，甚至会使风险蔓延至实体经济领域。

国家队资金实则处于进退两难的局面。若此时国家队资金放弃救市的行动，任由市场进行自我调节，则恐怕会加速市场的非理性下跌，或逐步触发金融市场的系统性风险。不过，若国家队资金继续采取强有力的救市手段，则短期内市场还会暂时喘口气，但这并没有从本质上消除市场的风险，而只是把市场的风险往后推移。

笔者认为，国家队资金的救市行动，实则有着不一样的意义。其中，第一次国家队资金的救市目的意在让市场恢复流动性，而此次国家队资金的救市目的则在于维护市场的系统性安全，防止金融市场系统性风险的爆发。

因此，在当时市场对国家队资金救市的依赖度越发强烈的大背景下，国家队资金不能视而不见。但是，在国家队资金再度出手的同时，必须总结之前的救市经验，让救市行动更有技巧性，防止救市行动再度陷入进退两难的困局。

2.9 在A股市场安心投资，为何这么难?

A股市场出现了大起大落的走势。以上证指数为例，若仅从指数点位进行分析，实则市场在短短2个月的时间内，其累计最大跌幅已经接近45%。

从A股市场作为全球第二大证券市场的地位，就足以看出它对全球金融市场的影响力。实际上，纵观那一段时期，A股市场的一举一动，也引起了全球市场的高度警惕。

以2015年8月24日为例，A股市场单日暴跌8.49%，创出了8年来最大的单日跌幅。受此影响，港股市场全天急挫5.17%，而其余亚太地区的股市也纷纷出现了大幅走低的格局。至于欧美股市，同样受到了波及，其间美国股市还一度触及了熔断机制。至此，中国股市的剧烈波动遭到了其他地区市场的警告。

显然，这样一个证券市场对于投机者而言，或许是一个极具挑战性的投机场所。但是，对于那些规规矩矩、试图在股市中获得稳健收益的价值投资者来说，却不那么容易了。对此，亦有部分价值投资者感慨，在A股市场安心投资，为何就这么难呢?

实际上，与其他成熟的市场不同，A股市场具备较多的独特性。其中，就包括了以下这几点。

第一，A股市场的政策敏感度最强，简称“政策市”。换言之，就是一纸政策能够左右着市场的走向。如此一来，对政策嗅觉不强的投资者，就很容易吃亏了。

第二，散户占比极高，基本属于散户市场。

纵观全球主要证券市场的状况，其中欧美成熟市场的机构投资者占比高达80%以上。至于与我们临近的港股市场，其机构投资者的占比也达到65%左右。与这些市场相比，A股市场相当欠缺长期性的投资基金，机构投资者的整体占比也长期处于20%～30%之间。由此可见，A股市场的机构投资者占比相当低!

此外，对于普通投资者而言，最感到无助的，莫过于市场制度设计的不合理性以及市场信息的不对称性。

制度设计的不合理性，其实有着诸多的历史原因。但是，长期以来，部分大资金大机构却凭借着这些制度漏洞获取了巨额的利润。显然，在它们获取暴利的同时，实则意味着普通投资者的切身利益遭到了损害。

有评论认为，A 股市场是以散户为主导的市场，散户过多实则加剧了市场的投机性。

其实，在实际操作中，部分大资金大机构具有资金优势、成本优势以及信息优势，它们为了实现利润的最大化，往往采取更多颇具投机性的策略。简而言之，这类大资金大机构才是这个市场中最大的投机者。

至于市场信息的不对称性，其实属于一个长期无法得到解决的核心问题。因此，对于本已不在同一起跑线上进行竞争的投资者而言，要想在这个市场中获取持续稳定的利润，其难度也是不可估量的。

笔者认为，经历了前两轮非理性暴跌的行情之后，对于当时相当疲软的 A 股市场来说，恢复市场投资信心固然重要。但是，更为重要的，还是要把市场制度合理化、市场规则完善化，对于那些违反游戏规则、恶意投机乃至扰乱市场秩序的参与者，必须进行严惩，甚至把它们从市场中永远地清理出去。

2.10 上交所与深交所的资源争夺战

有两则消息值得大家关注。其一是上交所战略新兴产业板的创建将提速，或在不久的未来推出；其二则是深港通呼之欲出，更有机构传言，其或在 1 个月内由两地证监会正式宣布推出。

不知不觉，中国股市设立已有20多年的历史。然而，对于上交所与深交所而言，它们自设立至今，却时常处于互相竞争的状态之下。

具体来看，上海证券交易所创立于1990年11月26日，而深圳证券交易所则成立于1990年12月1日。显然，这两大交易所的成立时间也大概相近。但是，随着市场的迅猛发展，尤其是进入2000年以后，两大交易所的竞争却显得更为激烈。

实际上，在很长一段时期内，无论是市场成交量，还是市场融资额，抑或投资者的参与热度，都基本倾向于沪市市场。于是，长期以来，沪强深弱的格局成了市场的一道亮丽风景线。

然而，随着深交所于2004年以及2009年分别推出了中小板和创业板后，市场多数的IPO资源逐渐聚集到深市市场。纵观过去几年，沪市市场的融资额度稍微逊色。

与此同时，随着创业板市场的迅猛崛起，其当时的总市值已经突破4.5万亿元大关。其间，在多次的创业板改革中，创业板市场的首发准入门槛却持续降低。在之前的修订方案中，创业板首发管理办法也取消营业收入或者净利润持续增长的硬性要求，并允许收入在一定规模以上的企业只需要有1年的盈利记录即可上市。

除此之外，在2014年8月1日，证监会新闻发布会公布十条措施提出要完善创业板制度，在创业板建立单独层次，支持尚未盈利的互联网和高新技术企业在新三板挂牌1年后到创业板上市，以满足部分企业的转板需求。如此一来，也为更多企业进入创业板市场创造了有利的条件。从本质上看，随着创业板市场的进一步壮大，深交所较上交所的竞争优势将会更加突出。

显然，深交所的一系列举动，也确确实实撬动着上交所的强势地位。于是，沪港通、战略新兴产业板等举措，成为上交所有力的回击武器。

2014 年 11 月 17 日，沪港通的正式“通车”，确实给资本市场带来了巨大的影响。时隔半年，沪港通无论对两地市场互联互通体系的强化，还是对两地市场资金的双向流动等，都产生了积极性的影响。同时，在沪港通的“通车”影响下，深港通也加快了推进的步伐，为 A 股纳入 MSCI 创造出更多的筹码。

上交所有沪港通，深交所将来也会有深港通，两地交易所均要承担起日后互联互通的工作。但是，从市场板块来看，上交所缺乏诸如中小板、创业板这类市场，因此，长期下来，无论是新增流动性的补充还是市场融资的需求，上交所均明显落后于深交所，这也引发了投资者对当时持续存在的深强沪弱现象的担忧。

至此，为了与深交所抢占 IPO 的资源，上交所可能会推出战略新兴产业板，以此来与深交所比拼。

谈及战略新兴产业板，投资者其实并不陌生。因为，在之前的几年时间内，战略新兴产业板的话题受到了市场的高度关注。

事实上，战略新兴产业板主要服务于互联网、节能环保、生物以及新能源等行业，其发行条件、规模条件以及交易机制等或与主板市场有所区别。或许，更多人会把战略新兴产业板比拟为创业板，但其实，它与创业板相比，却具有定位不同、战略不同等特征。

整体而言，战略新兴产业板主要定位于规模稍大且已越过成长期以及相对成熟的战略新兴产业型企业。

确实，随着更多的市场引进，未来将会对 A 股市场构成一定的影响。不过，笔者认为，上交所与深交所拉开资源争夺战的背后，实则进一步提升了两大交易所的竞争意识，促使两地市场进一步完善，进而增强A股市场的国际影响力，为未来A股市场登上国际大舞台、走向世界奠定坚实的基础。

但是，A股市场未来的发展之路仍然漫长。面对奋力直追的深交所，上交所要扭转自身的被动局面确实要抓紧时机了。

2.11 养老金入市获批，要让养老金安心入市！

2015年8月，A股市场呈现出稍微企稳的格局。究其原因，一方面在于市场跌多了，短期存在超跌反弹的强烈需求；另一方面则是因为市场再度传出多条利好消息，例如证金公司或再筹资金提振市场、财政部将启动地方社保入市等。

市场对养老金入市的消息高度重视。其中，最为核心的原因，就是养老金入市终获国务院批准。

8月23日，国务院印发《基本养老保险基金投资管理办法》（以下简称《办法》）。在《办法》中明确规定，养老金投资股票、股票基金、混合基金以及股票型养老金产品的比例，合计不得高于养老基金资产净值的30%；而参与股指期货、国债期货交易，只能以套期保值为目的。该《办法》自印发之日起施行。

值得注意的是，8月28日上午，在国务院政策例行吹风会上，人力资源和社会保障部副部长游钧和财政部副部长余蔚平，也介绍了基本养老基金投资管理有关措施并答记者问。

与此同时，据消息指出，人社部副部长游钧表示，截至2014年年底，养老金累计结余 3.5 万亿元，各地除去当期支付和支付准备外，估算约有 2 万亿元养老金可用于投资。但是，他强调，养老保险基金的主要目的是在保证资金安全的情况下实现保值增值，因此，托市、救市不是基金的功能和责任，入市的时机选择将由市场决定。

鉴于养老金获批的消息，笔者认为，市场不必做出过度乐观的解读。究其原因，主要存在这几个因素的影响。

其一，从相关信息可以获知，养老金入市获批，并不意味着养老金很快就会入市。按照相关程序，养老金需要经历相对漫长的时间，方可实现正式入市的目的，少则半年，多则一年以上。

其二，养老金入市的主要目的在于在保证资金安全的情况下实现保值增值，而并非托市、救市。显然，在 28 日的会议上，相关负责人也做出了明确的表态。因此，对于养老金救市、护盘等言论，投资者不要轻信。

其三，对养老金入市给市场带来的新增流动性不要过分乐观。显然，养老金入市是一个长期的过程，其间养老金给市场带来的新增流动性也不会一次性注入。

按照相关的数据统计显示，当时养老金累计结余 3.5 万亿元，可投资规模为 2 万亿元。但是，按照“投资股票、股票基金、混合基金、股票型养老金产品的比例，合计不得高于养老基金资产净值的 30%”的规定，实则能够给股票市场带来最多不超过6 000亿元的新增规模。

然而，从以往险资的入市比例来看，实际上也未能充分用足相关的额度。更为普遍的是，险资更热衷于把权益类投资的比例控制为 10% ~15%。如此一来，若养老金投资股市的比例与之相近，则意味着养老金入市给市场带来的新增流动性将会相对有限。

其四，值得一提的是，对于养老金的入市，需要有一个足够安全稳定的市场环境。

就当时而言，随着那2个月市场的估值大幅下滑，市场整体的估值压力相对减轻了。当时，沪市平均市盈率回归至13倍左右，而深市的平均市盈率则回落至2014年同期的水平。至于平均股价方面，据机构的数据测算，当时沪市平均股价仅为8.21元，而深市仅为9.96元。此外，两市低于10元股价的上市公司数量，已经占市场的25%以上，较前2个月的数据出现了巨大的变化。由此可见，经历了前期市场的大幅下跌之后，市场的估值压力已经迅速地降低。

即便如此，也并不意味着市场的系统性风险已经消失，而此时此刻，市场也急需营造一个安全稳定的市场环境，从本质上消除投资者的恐慌情绪。只有这样，才能够让养老金安心入市。

2.12 股市造谣怎能越来越没有底线?

上调印花税，是一个相当敏感的话题。回顾2007年的“5·30”事件，不少老股民至今仍然心有余悸。

2015年5~6月，随着股市的上涨速度明显加快，市场再度踏上5 000点整数关口。不过，对于当时火爆的股市，不少股民仍然抱着“赌一把”的心态去应对。显然，市场到了这一敏感的位置，只要消息面上有任何风吹草动，都足以影响到指数的涨跌。

然而，就在这个时候，市场上的各种谣言却频繁传播。其中，备受市场关注的，还是印花税上调的传闻。

事实上，谈及印花税，不少老股民并不陌生。显然，与其他利空传闻相比，印花税上调的利空传闻更容易刺激股民的神经，尤其是对那些经历过“5·30”事件的老股民来说，其冲击更大。

这1个多月，市场频繁传出印花税上调的消息。其中，前有长江证券研报预测第三季度或提高印花税，由此引发市场对印花税上调的担忧，后有国泰君安员工被指“造谣”印花税上调，进而加剧了股市的波动走势。

回顾大概3个交易日，市场出现了接连大跌的行情，其间累计最大下跌空间高达400点，跌幅超过8%。不过，面对日均跌幅超过百点的交易市场，各种利空传闻的出现却进一步扩散了看空的氛围，给市场带来了极大的不确定影响。

值得注意的是，在当时高杠杆工具全面激活的大环境下，借助高杠杆工具提高资金杠杆率的股民可谓“伤不起”。因为，与普通股民相比，他们需要承受更多的下跌风险。至于玩股票配资的股民，则对市场的走势表现得更为敏感。显然，在扩大数倍乃至10倍的高杠杆资金之下，只要市场价格出现接连性的大跌，则很可能陷入平仓乃至爆仓的尴尬局面。

其实，回顾中国股市的历史，股市造谣现象早已不新鲜。甚至，可以认为是一种常态现象。确实，对于股市造谣者而言，借助微信、微博、股吧等渠道进行虚假消息传播，一方面降低了造谣的成本，另一方面能够产生很好的传播效应，可谓一举两得。

与此同时，如果股市造谣者提前做好布局，再借助传播虚假消息等行为来直接或间接地影响市场或股票价格的涨跌，就能够轻松达到套利目的。退一步来说，即使造谣者遭到了管理层的监管，甚至遭到了处罚，但整体来说，因我国政策法律落实并不完善，整体违规成本偏低，因此，对造谣者来说，也是有利可图的。

显然，股市造谣的行为是相当可恶的。但是，与造谣者相比，恶意传谣者也会对市场起到极大的负面影响。因此，打击股市造谣、传谣的恶劣行为，当属当时管理层工作的重中之重。

值得庆幸的是，近年来，随着股市造谣现象的频繁发生，管理层也逐步意识到股市造谣的危害性。对此，相关部门先后颁布了相关的政策法律，试图从本质上打击造谣等行为。

据资料显示，就当时而言，《中华人民共和国刑法》《中华人民共和国证券法》《刑事案件立案追诉标准》等都对市场的造谣予以明确禁止规定。

需要强调的是，就在2015年8月初，证监会也明确强调了严查股市造谣，并剑指五类行为。其中包括在媒体上撰写文章，编造、传播有关上市公司并购重组、监管执法动态和宏观经济政策等方面的虚假或误导性信息，扰乱市场秩序；通过股吧、微博、微信等新型媒体，编造、传播内容不实的虚假或误导性消息，对股价产生较大影响等行为。

同时，证监会亦在8月5日集中部署了“2015证监法网专项执法行动”的第四批案件。其中，共涉及16起编造、传播虚假或者误导性信息的案件。

笔者认为，股市造谣越来越没有底线，这成了我国证券市场的一大弊病。对此，进一步强化监管，强化打击的力度，大幅提升违规成本等，才是当时管理层工作的重点。与此同时，必须加快证券法的全面修订完善，为相关政策的有效落实创造法律的基础。

2.13　A股牛市到底还存不存在？

自2014年7月份之后，A股市场走出了一波轰轰烈烈的牛市行情。对于此次牛市，不少人认为其上涨的根基来自改革的力量，并把它称为“改革牛”。不过，在“改革牛”这一论点逐步得到市场认可的时候，股市却从2015年6月中旬开始，出现了重要性的拐点，A股的牛市根基遭到各界的质疑。

事实上，过去大约1年的牛市行情，其本质还是离不开新增流动性的推动影响。但是，在此期间，杠杆资金却给予了市场无穷大的助推力，而在随后高杠杆资金全面激活之际，也把股市推至一个新的高点。

显然，对于杠杆牛市而言，“成也杠杆，败也杠杆”。进入5月份之后，A股市场的高杠杆引起了管理层的高度警惕。随之而至的，就是证监会的严打，并对相关的场外配资端口一一进行严查。

殊不知，在国外成熟市场中，“去杠杆化”起码要用上数年的时间。然而，在国内证券市场中，“去杠杆化”的周期不过是短短两三个月时间。其间证监会用力过猛、出招过快，把股市一下子从“疯牛”拉回至“疯熊”的局面，市场的投资信心也遭到了重大打击。

A股市场自高点调整以来，已经有近2个月的时间。然而，在这短短的1个多月时间内，股市却缩水了高达20多万亿元的总市值，不少股票的价格也直接被“腰斩”。此时此刻，股市的估值压力被大幅度地压缩，市场的人气逐渐涣散，甚至很少人敢放心投钱进入市场。

那么，A 股的牛市到底还存不存在呢？

实际上，按照以往的经验，判断市场的牛熊趋势多参考以下几大指标。

其一，指数是否有效稳守在牛熊分界线之上。

一般而言，对于多数资深股民来说，他们会将 120 日线看作牛熊分界线。实际上，A 股自 2015 年 7 月 24 日之后，再没有重返这一牛熊分界线之上。与此同时，自 2015 年 6 月 19 日以来，A 股市场也一直承受着 30 日线的压力。由此可见，当时的 A 股基本处于牛熊分界线之下，市场熊市特征逐步确立。

其二，成交量的变化情况以及市场投资信心的变动状况。

谈及成交量，相信这会是多数资深股民重要的看盘指标之一。然而，量价先行，成交量通常会比股价先行变动。如此一来，成交量的变化情况，实则可以作为判断牛熊市场的重要指标之一。

然而，从近 2 个月市场的单日成交量能分析，却可以看到市场基本处于持续萎缩的状态。截至 2015 年 8 月 6 日收盘，沪深两市合计成交量能略微超过7 000亿元。然而，在 2015 年 6 月 8 日前后的交易时间段内，A 股市场的日均成交量能却基本维持在 2 万亿元以上的水平。显然，成交量能的持续萎缩，实则暗示着市场的观望情绪越发浓厚，而市场的投资信心也出现逐步降低的态势。

说到市场投资信心，我们可以清晰地发现，自股市创出阶段性高点以来，市场的投资信心却呈现出不断下滑的趋势。此外，还有一个比较有趣的现象，即随着国家队的全力救市，其间指数虽有所企稳，但市场对它的整体依赖度却有增无减。此时此刻，市场对利空传闻的抵御能力也越来越弱了。

以当时市场传出再融资重启的消息为例，实际上，按照初期再融资的规模，其对市场的真实冲击力并不会太大，但因市场对利空传闻的抵御能力很弱，所以该消息直接对市场的心理层面构成了显著的冲击。显然，在当时的市场环境下，市场几乎抵御不了丝毫的利空传闻。一旦利空传闻频繁来袭，恐怕国家队也会无力支撑。

其三，未来市场可预期的新增流动性涌入。

正如上文所述，对于杠杆牛市来说，基本是“成也杠杆，败也杠杆”。然而，在管理层严打场外配资以及加快“去杠杆化”的大环境下，实则也给未来市场的新增流动性涌入预期带来了很大的不确定性。

其中，据不完全的数据统计，在2015年6月上旬，即在股灾爆发之前，A股市场场外配资加上场内融资的总规模或已高达4万亿元以上。然而，经历了一段时期的“去杠杆化”之后，市场的杠杆影响力也骤然下降。其中，以场内融资为例，截至2015年8月5日，沪深市场两融余额仅有1.31万亿元，和之前最高值近2.3万亿元相比出现了大幅回落的迹象。

值得深思的是，随着市场“去杠杆化”目标的逐步接近，未来杠杆资金对市场的撬动影响也会逐步降低。对此，未来市场能否出现更有力的新增流动性补充工具，将会直接决定未来A股市场的最终走向。或许可以认为，在市场缺乏有效的新增流动性涌入预期的大环境下，A股实则已经远离了牛市行情，未来市场再度出现之前的单边暴涨行情的概率也会非常低。

笔者认为，当时疲软的A股市场，或许已经陷入熊市之中。

对于管理层而言，也确实面临着诸多的考验。其中，随着国家队救市力度的持续加大，后续的退出影响也会给市场带来直接性的冲击。除此之外，管理层还忧虑着市场暂停已久的融资功能等，而此举也会直接影响到未来我国对实体经济的支持力度以及将 A 股纳入 MSCI 的进程等。

显然，对于当时的 A 股市场而言，已经无力抵御丝毫的利空消息，而随着市场对国家队救市的依赖程度越来越高，实则也给管理层出台政策带来了不少的隐忧。或许，此时的市场，还在期盼着管理层会放出更猛的救市招数。

笔者认为，在市场人心涣散之际，更猛的救市招数或许只会增加市场对国家救市的依赖度。待救市猛招落地之后，若管理层仍未继续对症下药，解决市场潜藏已久的弊病，则股市或许仍将重返弱势。

第3章 主力资金对股市的影响

3.1 股市蒸发的钱，究竟跑哪去了呢？

在股市中，从来离不开“七亏二平一盈”的定律，而在操作难度偏大的A股市场，这一定律更为明显。对于多数股民而言，即使入市多年，也最终难逃亏损的命运。

然而，让人感到困惑的是，既然股市中一直存在“七亏二平一盈”的定律，在快速下跌的行情中，这种赔钱效应将会越发强烈，那么，股市蒸发的钱，究竟跑哪去了呢？谁又是最大的赢家呢？

在股票市场中，无论是牛市还是熊市，钱其实并没有蒸发掉。究其原因，就在于股市中的钱是用来衡量价值的，而并非实际存在的东西。

对此，只要保证市场时刻充满足够的流动性，那么股民在操作过程中亏损的钱就会在流动性中被逐渐平摊了。

显然，保持市场的流动性很关键。退一步来说，假如市场的流动性不足，或者出现了流动性的危机，那么将会对市场构成沉重的冲击。其实，那也是2015年6月底至7月初，国家队全力救市的核心原因。

回顾当时的情景，鉴于当时市场处于极度疲软的状态，不少上市公司采取了停牌的举措，以回避当时市场非理性下跌的局面。然而，在市场延续非理性下跌的行情之下，因多数股票处于停牌的局面，不少急需出逃的资金于是对那些仍在交易中的股票下手，此时此刻，疯狂的踩踏效应以及巨额的跌停封单让这些股票牢牢锁定在跌停板的价格之上。

如此一来，当时的市场就陷入了流动性危机的局面。于是，国家队的强力救市，其目的就在于打破这一种流动性危机的困局，并试图让市场恢复流动性。

那么，在暴涨暴跌的A股市场里，究竟谁才是最大的赢家呢？

股票市场本身并不能创造财富，而是实现财富的再次分配。于是，在实际操作中，我们经常会看到两种截然不同的现象：其中一种是普通股民在投资过程中亏损累累，另一种则是部分群体“一夜暴富”。

显然，在股票市场这一游戏中，总有人能够在众人亏损的状况下，实现暴富。

实际上，在A股市场中，最终能够实现暴富的，也莫过于这几类群体。

其一，通过购买原始股，在企业成功发行上市之后，轻松实现暴富。在这里面，主要包括明星名人以及上市公司大股东高管等。

以上市公司大股东及高管为例，他们凭借极低的成本价格，到了一定的限售期后再大肆减持，最终实现轻松暴富的目的。显然，对于普通的股民朋友来说，这恐怕是无法想象的事情了。

其二，依靠股市赚取佣金收入的券商机构以及依靠股市获得印花税等相关税费收入的国家机构。

其三，借助“老鼠仓”等特殊渠道，谋求暴富的群体。

其四，极少数的投资高手以及运气好的人。

A 股市场成立了 20 多年的时间，在这 20 多年的时间内，真正能够实现持续性稳定盈利的投资者，极为罕见。相反，具备信息优势、资金优势、成本优势等有利条件的群体，却成为 A 股市场中的长期赢家。

如此一来，在普通股民亏损累累的同时，其实也在某种程度上造就了这类群体暴富的神话。

3.2 这才是中国股市最大的风险!

央行“双降”的结果，就是引发了金融股的强力反弹。然而，随着市场缺乏持续性的做多动能，结合尾盘期指的大幅跳水，金融股对市场的稳定影响也就大打折扣了。于是，央行“双降”也难挡股市单日下跌的局面。

以上证指数为例，市场已在短短 2 周时间内，暴跌超过1 000点，对应的跌幅也达到了 25% 以上。或许，用“第二阶段的股灾行情”来描述杀跌走势，也是相当合适了。

回顾 A 股市场“第一阶段的股灾行情”，实则是自 6 月 15 日开始，并于 7 月 9 日创出3 373点低点后结束，历时大约 3 周。其间市场的跌幅达到 35%，下跌空间为1 800多点。

显然，与第一阶段的股灾行情相比，这一轮的股灾下跌行情显得更为迅猛。其中，用时短暂、日均跌幅惊人，当属此轮股灾行情的最大特征。如果按照第一轮股灾的最大下跌幅度计算，当时或仍有近10%的下跌空间，届时市场也或将考验2 600点整数关口的支撑力度。不过，笔者认为，当时市场最大的风险，并不在于指数下跌了多少，而在于连管理层也不知道问题出在哪里，或者说不知道下跌的元凶是谁。

确实，“对症下药”才是最佳的救市策略。然而，因当时的市场并不知道敌人身处何方，更不知道敌人的具体情况，因此加大了管理层救市的难度。

实际上，第一轮股灾行情的爆发，很大程度上缘自管理层对市场“去杠杆化”的用力过猛、用时过短，这最终演变为股市暴跌的导火索。

然而，第二轮股灾行情的爆发，却是建立在市场“去杠杆化”压力骤减，场外配资业务得以大肆清理的背景之上。如此一来，若以此作为此轮股灾爆发的直接原因，其理论依据也不足以让人信服。

其实，从中金所的一系列举动来看，管理层也似乎逐渐意识到第二轮股灾爆发的源头。从中金所的系列行动中，我们发现，中金所也在极力寻找股市下跌的“元凶”，同时还尽可能想办法堵住这一暴跌源头。

具体来看，中金所分步提高了股指期货各合约非套期保值持仓的交易保证金标准，调整了沪深300、上证50以及中证500股指期货日内开仓限制标准，并提高了股指期货日内平仓手续费标准等。而后，到了8月26日，中金所还对164名客户采取限制开仓1个月的监管措施，并严查股指期货配资等现象。

从本质上看，中金所的系列动作，其本意在于抑制期指的过度投机行为，尽可能让市场回归理性。但是，从近两天市场的表现来看，中金所的系列动作，似乎并没有减缓市场的杀跌动能。

以 8 月 26 日的市场为例，本来在金融股强势上涨的刺激下，市场也一度出现了冲高上涨的格局，并一度收复3 000点整数关口。然而，在当天 14:00 过后，期指却出现了大幅跳水的走势，其中以中证 500 期指 IC1509 为例，尾盘暴跌 8.03%，而当天的午后跌幅更是高达 12% 以上。至于 IC1510 以及 IC1512，则分别以跌停以及跌幅近 9% 报收。

在连续多个交易日内，期指任性暴跌，显示出空头高傲的气焰。随着期指的率先跳水，现货指数也难免受到冲击，并接连出现大幅下挫的走势。

显然，中金所的系列举措，似乎并未从本质上打击期指过度投机的行为。然而，在当时的股指期货交易制度中，期现交易的不对称性，实则也为部分恶意做空的机构资金创造了更好的牟利渠道。

笔者认为，鉴于期指过度投机的现象，中金所的种种举措实际上并不能从根本上达到抑制市场投机的目的。显然，在 A 股这一个本就不成熟的市场环境下，再加上制度的不匹配、交易制度的不平等，则更加加剧了机构的投机行为。更多时候，往往掌握着资金优势、信息优势以及技术优势的大资金大机构，才是市场中最大的投机客！

因此，在极端的市场环境下，管理层理应采取极端的救市手段，甚至采取暂时停掉股指期货交易的策略，来稳定市场的人心，待市场投资信心得以修复，再慢慢恢复过来，也未尝不可。

3.3 央行再度“双降”，A股能起死回生吗?

继2015年8月24日A股市场暴跌超过8%之后，市场再度演绎大幅杀跌的走势。截至收盘，沪深市场均以暴跌超过7%收盘，而沪市也最终失守3 000点整数关口。

25日晚间，市场传来一则重磅消息：中国央行再度宣布“双降”，即降息加上降准。

其中，央行宣布下调金融机构人民币贷款和存款基准利率0.25个百分点，下调金融机构人民币存款准备金率0.5个百分点。同时，央行决定放开1年期以上（不含1年期）定期存款的利率浮动上限，活期存款以及1年期以下定期存款的利率浮动上限不变。

此次央行“双降”，实则也是在市场的预期之内。继2015年6月27日央行宣布首次“双降”之后，这是央行年内第二次宣布“双降”。鉴于当时股市大幅波动的市场环境，这引起了市场投资者的广泛热议。

显然，央行选择在这个时间点宣布“双降”，本身就具有一定的特殊意义。不过笔者认为，鉴于当时相对敏感的市场环境，此次央行再度宣布“双降”的消息，实际上是经过了相当慎重的考虑。

事实上，自8月份以来，不仅股票市场出现了大动荡的走势，汇率市场也一度出现了罕见性的持续贬值动作。如此一来，则引发了投资者的忧虑。或许，在当时经济基本面并不明朗的大背景下，结合股市、汇市的巨震，最终促成了央行再度“双降”的决策。

不过，笔者认为，对于央行的再度“双降”，其对股市的影响也不能过分乐观地去解读。

究其原因，一方面，此时央行选择“双降”的举措，其核心意愿在于提振经济，试图进一步降低社会的融资成本；另一方面，则在于考虑到当时利率市场化的改革进程，而此次实行放开 1 年期以上（不含 1 年期）定期存款的利率浮动上限的举动，意在推进我国的利率市场化改革。

当然，不可否认的是，此次央行再度“双降”的举动，也在一定程度上反映出央行对股票市场的高度重视。鉴于股市的大幅波动表现，央行这一动作，实则也有意借助降准等举措来释放市场流动性，试图改善市场的资金面状况，进而达到稳定市场的目的。

但是，笔者认为，对于央行“双降”的实际效果，我们并不能盲目乐观地去解读。除此之外，我们还得结合当时的市场环境以及外围环境做出综合性的判断。

回顾 2015 年 6 月 27 日，即央行首次宣布“双降”的日子。对于这一重磅利好消息，市场并未有较好的反应。相反，在政策宣布的次一交易日内，A 股市场却继续呈现出剧烈震荡的走势，且收盘时大跌超过 3%。之后，市场并未走出有效的企稳行情，并出现持续下跌的走势，最终于 7 月 9 日创下了3 373点的阶段性低点。

虽然市场对应的指数点位已经跌破3 000点整数关口，但整体的市场环境依旧疲软，而市场也并未出现持续性的做多热情。

值得注意的是，当市场有效跌破3 000点整数关口，并继续向下寻找支撑位置时，大量的场内两融业务以及上市公司大股东股权质押等，也将会面临强平的风险。

其中，以股权质押为例，在股价持续下跌且跌破平仓线之后，若相关利益方没有及时追缴保证金，则将会面临强制平仓的风险。显然，在当时的市场环境下，即将面临强制平仓风险的上市公司大股东，也是为数不少的。对此，若发生大规模的强平风险，恐将会对我国金融市场的系统性风险构成一定的冲击。

至于外围的市场环境，实则也出现了较大的波动。其中，欧美股市还一度创出了年内最大的单日跌幅，由此加大了全球投资者的恐慌情绪。与此同时，亚太地区的股票市场整体的波动幅度更为显著。其中，多个主要地区的股市早已创出年内新低。

综上所述，笔者认为，在当时的市场环境下，管理层试图借助央行“双降”来稳定股票市场的难度是相当大的。面对当时已接近失控的股市，管理层确实需要采取极端的救市手段，方能起到本质性的救市效果。

在实际操作中，亦可借鉴国外成熟市场的做法，即当市场出现极端的行情时，会直接触发熔断机制，或直接停掉股指期货交易。如遇特殊的状况，还可以暂时借鉴巴基斯坦对股市涨跌设限的做法，为市场的稳定创造出更有利的环境。

3.4 金融危机“七年魔咒”来袭，A股缘何领跌全球？

从1987年的美国股灾，到1994年的墨西哥金融危机，而后到2001年的阿根廷债务危机，再到2008年的次级债危机，最终演变为全球金融海啸的大爆发。纵观这几轮全球金融风波，实则存在着一个规律，即每隔7年时间，全球的金融市场都会蕴藏着新一轮的风险。

时隔7年，终于来到了2015年。随着全球经济发展形势发生了巨大的变化，全球金融市场也似乎面临着新一轮的考验。

大约一段时间，无论是欧美地区的股票市场，还是亚太地区的股票市场，都出现了大幅波动的格局。实际上，对于多数地区来说，股市属于经济的晴雨表。换言之，当地的股票市场发生剧烈波动之际，实则也暗示着其潜在多时的诸多风险或将爆发。

以 8 月 25 日的美股市场为例，道琼斯工业平均指数跌幅高达 3.12%，创出了年内新低。至于纳斯达克综合指数，则大幅下挫了 3.52%，距离年内新低也仅有一步之遥了。24 日欧洲各主要市场的表现，似乎也并不如人意，且整体波动幅度有逐步加大的态势。

至于亚太地区的股票市场，则出现了加速下挫的走势。其中，中国 A 股在这一季度中，出现了近 25% 的跌幅。至于中国香港以及中国台湾的股市，也达到了 20% 左右的同期跌幅。

值得注意的是，在新兴市场出现大幅波动的同时，新兴市场的资本净流出情况也相当糟糕。其中，根据机构的数据统计，在截至 2015 年 7 月底的 13 个月里，19 个最大的新兴市场经济体的资本净流出总量达到9 402亿美元，几乎 2 倍于 2008—2009 年金融危机时 3 个季度 4 800亿美元净流出的总量。不可否认，全球金融危机“七年魔咒”的来袭，确确实实会对我们的财富资产造成深刻性的影响，甚至还可能会改变一些人、一些家庭的命运。

然而，让全球投资者感到疑惑的是，纵观近一轮全球股票市场的表现，中国 A 股却几乎处于领跌的状态。此外，回顾 2008 年的全球金融海啸事件，当时的 A 股同样处于领跌全球的局面。

值得注意的是，近年来，国内管理层一直试图冲破 A 股市场的发展瓶颈，并借助“互联互通”或者是纳入 MSCI 等举措来打通 A 股市场的国际化发展道路。

然而，从这一年的情况分析，在沪港通正式“通车”以及基金互认逐步落地的影响下，沪港两地市场的“互联互通”也初见效果。不过，因市场环境的逐步趋弱，深港通“通车”的时间点不得不再三延迟。但是，从整体上看，两地市场之间的“互联互通”模式收到了一定的成效，此举也给A股市场打开了发展的空间。

不过，A股纳入MSCI的进程，却并不顺利。具体原因，实则仍与部分市场准入相关的“重要遗留”问题有着或多或少的联系。对此，A股纳入MSCI的进程也不得不再度延期。

值得庆幸的是，虽然2015年A股依然无缘纳入MSCI，但在2015年5月底，A股却被纳入富时罗素指数，同时，其在新指数中的初始权重约为5%，并为其带来了部分的新增流动性。

不可否认，在这几年，A股市场的“对外开放”工作已逐步深入，同时也在一定程度上提升了A股市场的国际性地位。但即使如此，仍然无法改变A股市场尚未完全真正开放的局面。

那么，在全球金融市场出现剧烈波动之际，尚未完全开放的A股市场缘何还会领跌全球呢？

对此，笔者认为，A股市场领跌全球的根本原因，还是在于A股市场的自身漏洞。

虽然A股市场的总市值规模已经创造出新的纪录，并成了全球第二大股票市场，但是，A股市场自身的漏洞问题，却一直没有得到很好的改善。

究其原因，一方面在于《中华人民共和国证券法》的修订与完善长期滞后，相关法律法规的完善远远赶不上市场的变化节奏，容易给部分不法分子创造牟利的空间；另一方面则在于A股市场的历史遗留问题，股市过分强调融资功能，而严重忽视了投资者的合法权益，此举实则也让股市最终沦为变相圈钱的工具。

除此之外，在A股市场中，还存在着一大特征，即散户在市场中的占比极高，而机构投资者的占比却明显偏低。如此一来，实则也强化了A股市场的高度投机性，并逐步偏离了价值投资的原则。

或许，是市场的环境改变了人。在实际操作中，A股市场的违规成本极低，整体的监管力度并不够，这给部分机构资金牟利创造了机会。

事实上，在A股市场中，不仅普通散户，就连大资金大机构的操作手法，也具有浓厚的投机色彩。显然，与普通散户相比，这类机构资金可以凭借资金优势、时间优势以及技术优势牟取暴利。更为普遍的是，它们更善于借助A股市场长期存在的交易制度漏洞，诸如股指期货中的期现交易不对称等，进行大肆扩大自身的利润。如此一来，实则也进一步强化了A股市场的高度投机性，而此时此刻，市场距离价值投资的道路也越来越远了。

“涨起来惊人，跌起来恐怖”当属2015年A股市场的真实写照。显然，2015年市场的疯涨疯跌，实则与杠杆资金对市场的撬动影响有着莫大的关系。市场加快“去杠杆化”的大环境，再加上外围市场环境的急剧恶化，实则迅速降低了市场的投资信心，加速了市场资金的出逃，并最终导致A股市场出现领跌全球的走势。

对于颇具投机色彩的A股市场而言，要想让其回归理性，或许真的不容易。笔者认为，随着A股市场国际影响力的逐步加大，A股市场的涨涨跌跌也会在某种程度上影响着全球股市的走向。因此，面对全球金融危机“七年魔咒”的来袭，A股市场的表现也受到了全球市场的高度关注。显然，对于当时的A股市场而言，稳定仍然是首要任务，至于那些借危机大肆投机牟利的机构资金，必须进行严惩。

3.5 养老金入市获批，意味着什么？

在外围市场一片惨跌的大背景下，不少投资者期盼着周末管理层会放出大招救市。然而，备受瞩目的降准利好并未如期到来，市场反而迎来了养老金投资股市获批的消息。

国务院印发了《基本养老保险基金投资管理办法》（以下简称《办法》），《办法》明确：投资股票、股票基金、混合基金、股票型养老金产品的比例，合计不得高于养老基金资产净值的30%；参与股指期货、国债期货交易，只能以套期保值为目的。同时，《办法》也强调了自印发之日起施行。

实际上，养老金入市的话题早已引发市场的广泛热议。不过，值得注意的是，据资料显示，与之前的相关征求意见稿相比，此次修订版在投资股市上限、投资范围等核心内容上并未做出修改，而是强化了风险责任以及安全责任等内容。

但是，养老金入市获批的消息，确实给市场带来了不少争议。与此同时，在当时A股身处“内外交困”的环境下，养老金入市的获批有着不平凡的意义。

不可否认，对于当时新增流动性涌入预期并不强烈的A股市场来说，养老金的入市确确实实会改善市场对新增流动性涌入的预期。同时，随着未来养老金的逐步入市，也将会逐步改善市场的投资者结构，引导价值投资观念深入人心。

根据数据统计，截至 2014 年年底，企业养老保险基金累计结余 30 626亿元，城乡居民基本养老保险基金累计结余3 845亿元，两项累计结余接近 3. 5 万亿元。若按照 30% 的比例投资股市，或将引来上万亿元的新增流动性入市。

不过，笔者认为，在实际操作中，并不会产生如此庞大的新增流动性涌入市场。

其实，我们亦可借鉴之前的险资投资规则变化后的数据做出理性的判断。

以 2014 年颁布的险资投资新规为例，在《关于加强和改进保险资金运用比例监管的通知》中，对权益类资产、不动产类资产、其他金融资产等规定了明确的监管比例。其中，以权益类资产为例，该资产投资比例不得超过 30%。与以往规则相比，险资投资权益类资产的上限上移了 5%。按照这一规则，或将会给资本市场带来数千亿元的新增流动性。

然而，对随后的市场数据进行分析，险资在权益投资方面并未充分达到 30% 的投资上限水平。相反，在新规落地后的一段时期内，险资在权益投资上的占比却不到 15%。换言之，即使新规规定的险资投资权益类资产的上限比较宽松，但实际上，险资却并未充分使用相应的投资比例。如此一来，新规的效果也就大打折扣了。

显然，养老金的入市，或许会给股市带来一定的新增流动性涌入预期，但是，若期盼其为股市带来上万亿元的新增流动性支持，或许难度真的很大。

除此之外，养老金入市获批，也并非预示着养老金马上就可以进入股市。

养老金真正入市的时间，仍有较大的不确定性。对于当时相对复杂的操作程序而言，少则要半年，多则要一年以上，养老金入市方可初见效果。简而言之，养老金入市获批也并非意味着市场马上就会获得新增流动性的支持。

但是，养老金入市获批，确实给市场传递了一定的稳定信号。与此同时，结合前期证金公司、汇金等的强力护盘举措来看，实则也暗示着当时的市场点位已经得到管理层的认可，而此处也可以认为是市场“政策底”的区域。

不过，在当时A股“处处受压”的大环境下，实则预示着“政策底”之后，市场还需要探寻“市场底”。因此，对于养老金入市获批的消息，投资者不必进行过分解读，因为，市场有自身发展的规律，投资者需要学会尊重市场，敬畏市场！

3.6 港股已创年内新低，A股还能撑多久？

从沪港通的正式“通车”，到基金互认工作的逐步落地，而后到深港通推出步伐的逐渐加快等，这一系列的举措实则利于两地市场之间的“互联互通”，尤其是会给港股市场带来大量的新增流动性涌入预期，为当地市场注入新的活力。

然而，从2015年8月份的港股走势来看，却并不乐观。从2015年的第三季度的走势来看，其中，恒生指数已经下跌了13.3%，而香港国企指数更是大幅下挫了19.86%。由此可见，在一系列利好政策落地之际，港股市场并未出现上涨的走势，而其整体的运行重心却不断下降。

事实上，港股市场的疲软走势一方面是受压于外围环境的不明朗预期；另一方面则是受制于人民币贬值预期以及国内市场环境逐步疲软等因素的综合影响。

与此同时，从港股市场的自身条件分析，其实当地市场的资金参与热情并不高，而市场对系列利好政策的兴趣也并不大。如此一来，在市场资金消极参与的环境下，实则加大了港股市场的上行难度。相反，当外围环境略有变化，或者是国内市场环境稍微变坏，则足以引发港股市场的剧烈波动。

港股市场已经创出年内新低，同时，市场指数也已经重返2014年沪港通“通车”时的运行区域。换言之，以推动“互联互通”为核心的上涨成果，已基本被吞噬。

与之相比，A股市场的表现却略为出色。但是，随着几个月市场的剧烈波动，A股市场的投资吸引力也出现了大幅下降的局面。但就当时而言，A股市场仍未创出年内新低，且与沪港通“通车”时所对应的指数运行区域仍有一段距离。

不过，面对已创年内新低的港股市场，A股市场还能够撑多久呢？

不可否认，从估值上分析，港股市场确实较A股市场具有一定的优势。其中，以数据为例，恒生指数对应的动态市盈率不足11倍，而香港国企指数对应的动态市盈率才8倍。与之相比，在A股市场中，只有上证50以及上证180具有较好的估值优势，至于上证380、深市主板以及中小创业板等，其对应的估值却高得吓人。

此外，从A股与港股市场的溢价率情况分析，截至当时，A股仍较H股出现35%左右的溢价率。同时，从这几个月的溢价率变化走势来看，A股对H股市场始终保持着较高的溢价率水平。

然而，需要注意的是，A股属于以资金推动为主导的市场，而从历史数据来看，A股市场的走向却与相应的估值水平没有过于紧密的联系。换言之，A股市场实际上处于“成也资金，败也资金”的格局。而市场新增流动性的涌入预期，则会在很大程度上决定着A股市场的最终走向。

笔者认为，港股市场创出年内新低，实则也会在一定程度上影响着A股市场的走势，不排除在短期内A股市场还会延续震荡探底，乃至考验年内低点的局面。

从A股的市场环境分析，当时的股市，实则仍然处于加快“去杠杆化”的阶段，且证监会对场外配资的清理力度有增无减，此举也会从某种程度上降低新增流动性的涌入预期，给未来A股的反弹形成一定的压制。

显然，当时A股市场的弱势特征依然明显，市场的下行压力依然较大。对于投资者而言，在当时的市场环境下，操作的难度也越来越大了。因此，在市场趋弱的环境之下，投资者应尽量避免在下跌过程中反复抄底，因为这也是多数投资者不断扩大亏损的致命动作。

3.7 低价股数量骤降，说明了什么问题?

随着市场的逐步回暖，以证金公司为主的国家队资金也逐步将主动权交还给市场，试图重新让市场实现自我调节的功能。

8月17日，市场并未受到证金公司的举动影响而出现大幅波动的走势，反而走出了探底回升的行情。截至当天收盘，上证指数略微上涨0.71%，报收于3 993.67点，距离4 000点整数关口仅有一步之遥。

市场重夺主动权，实则意味着市场已逐步回归理性，而以往国家队资金强力救助的模式，或许也该告一段落了。当然，从市场自身的角度分析，经历了前2个月的剧烈波动，此时市场重夺主动权，确实还需要一个逐步适应的过程。但就整体而言，随着市场投资信心的逐步回暖，中短期内市场也很难再度出现前期暴涨暴跌的非理性走势了。

细看市场的数据，自2015年8月份以来，虽然指数自身涨幅并不明显，但是不少股票已出现了大幅飙升的走势。

在这半个月，涨幅最为惊人的莫过于停牌多时的协鑫集成，即更名前的超日太阳，短期内累计涨幅超过了1 200%。除此之外，梅雁吉祥、金利科技、洛阳玻璃、新嘉联等股票的短期涨幅均超过50%。

截至8月17日收盘，A股市场低于5元的股票（又称“超低价股”）当时仅有14只，至于10元以下的低价股，也只剩下300只了。

显然，经历了1个多月的回升行情，不少股票已经回升至前期的高点。至于市场中的部分股票，也已经修复了一半以上的下跌空间。

从涨得最猛的股票来看，似乎超出了市场投资者的预料，然而，在这半个月时间内，遭遇市场爆炒的亏损股票却占据了不少席位。纵观这些亏损爆炒股，基本具有一个共同的特征，即披上了极具诱惑力的概念题材外衣。

以梅雁吉祥为例，该股分别在2014年以及2015年第一季度，录得业绩亏损。纵观该股过去多年的业绩状况，确实没有太多的亮点。但是，自证金公司成为其第一大股东之后，梅雁吉祥的股价却遭遇疯狂的炒作。

具体分析，梅雁吉祥自 2015 年 7 月 9 日低点 2.99 元启动至今，其上涨动能越发强劲。截至 8 月 17 日收盘，梅雁吉祥报收于 9.85 元，一举突破了前期高点，阶段性涨幅达到翻数倍的水平。

披上一件颇具诱惑力的概念题材外衣，垃圾股票也可以实现“乌鸦变凤凰”的神话，此举当属 A 股市场中的一大奇观。但是，我们从另一种角度思考，当这些垃圾亏损股票的股价再度爆炒至更高的价位时，届时又将会是谁去高位接盘呢？

显然，高位接盘的不会是证金公司，也不会是大资金大机构，而可能是那些毫无信息优势、资金优势的中小散户。可以预期，他在高位接过了这一棒后，恐怕要等上数年乃至 10 多年的时间方可实现解套。

笔者认为，低价股数量骤降，而垃圾亏损股的价格“飞天”，实则预示着市场的过度投机行为再度抬头。

显然，随着市场赚钱效应的再度显现，此时大多数的投资者或许已经忘掉了前期深度套牢的痛苦。但是，在高度投机的市场环境下，参与者几乎难以控制住自己的双手，而投机意识更为强烈的投资者，恐怕又在计划着借钱炒股乃至卖房炒股了。

3.8 A 股暴跌元凶为何迟迟找不到？

在这一轮股市暴跌行情中，最可怕的，其实不是股市下跌了多少，个股跌幅有多大，而是我们至今还无法确认对手是谁，我们甚至还不知道自己的市场交易制度会有多么混乱。

从2015年6月中下旬至7月初期，A股市场出现了罕见的暴跌走势。其间，上证指数暴跌超过35%，短期内指数下跌超过1 800点。创业板指数则暴跌超过40%，出现“腰斩”局面的个股比比皆是。

经历了7月份的全力救市行动后，A股市场的下跌动能略微减缓。但是，好景不长，在大约1周时间内，A股市场再度出现大幅下挫的走势，当时距离前期低点3 373点仅有不到300点的空间。

在这1个多月的时间内，我们一直在寻找恶意做空的对手。然而，经历了多方的调查，我们仍然无法有效确认对方的身份。

管理层也终于放出了“狠招”，先后对34个存在重大异常交易行为的证券账户采取了限制交易的举措。据统计，在这34个账户中，上海证券交易所占据了14个账户，深圳证券交易所则占据了20个账户，限制交易时间均为3个月。

通过这一次的特别行动，管理层似乎找到了一些线索。不过，在调查的过程中，部分国内的重量级机构却被牵扯进来。与此同时，据媒体报道，在此次调查中，还牵扯到全球最大的对冲基金之一的Citadel（司度公司）。

随后，国内重量级券商机构之一的中信证券，回应了联手国际对冲基金做空A股的传闻，并强调了两点：其一是该股股权已经转让，当时中信证券并未持有涉及调查的司度股权；其二则是强调了已退出的该笔投资属于财务投资，规模小，且投资期间中信证券并未参与司度公司的日常运营及管理。

虽然中信证券立马做出了回应，但是面对当时的舆论风波，恐怕也难以平复市场的忧虑情绪。或许，在那个敏感的时期内，大家都急切期盼接下来的调查结果。

A 股暴跌的元凶究竟是谁呢？真相又到底是什么呢？我们仍需要耐心等待调查结果。或许，因牵涉的链条过长，我们可能永远也不会知道真相是什么。而这一次的暴跌风波，实则也暴露出 A 股市场的诸多漏洞。

第一，管理层在此次暴跌风波中，并未在暴跌之初及时做好应对的准备，而是待暴跌危机加速传播之后，才有所动作，此举实则拖延了救市的最佳时机，而在随后的救市举措中，整体的救市成本也大大增加了。如此一来，也给部分恶意做空者带来了充足的时间。

第二，在股市暴跌之前，高杠杆问题并未引起管理层的高度重视。其间，虽然管理层提示了高杠杆的风险，但却未能在第一时间采取果断的行动提前释放这一风险，这是引发后期高杠杆资金踩踏的直接原因。管理层在后期“去杠杆化”的过程中，并未意识到高杠杆资金对市场的撬动影响已经很大，其用力过猛、用时过短的“去杠杆化”举动，演变成了 6 月中下旬股市暴跌的导火索。

此外，这一次的股市暴跌，实则也暴露出我国证券市场交易制度落后，并不适应当时的股市发展。

期现市场交易制度的不对称性，是导致部分机构借助期现交易制度的漏洞进行恶意做空的根源。

在实际操作中，当市场处于加速下行的阶段，因机构持有了大量的现货，而急需借助股指期货市场进行空头套期保值，此举实则加快了市场套保盘的释放，加大了市场潜在的下跌动能。与此同时，因期现交易制度不对称，容易引发套利机会，也给部分机构创造了套利的可能。然而，对于中小散户而言，因无法借助这一工具完成套期保值，最终只能借助抛售股票来止损。至于部分深套者，只能是“躺着不动”了。

另外，在前期暴跌行情中，高杠杆资金的强制平仓风险，结合我国长期存在的涨跌停板交易制度，实则容易引发市场的流动性危机。

在实际操作中，当市场处于非理性暴跌的行情，而股票的走势以连续大幅下挫或以连续“一字板”跌停为主时，会使市场资金陷入极度尴尬的局面。显然，因市场交易制度的限制，若市场连续几天出现大幅跌停的走势，大量杠杆资金会面临着强制平仓的风险。伴随着市场杠杆资金的平仓压力加大，实则加剧了市场的踩踏效应。于是，在集中抛售的大环境下，市场陷入了流动性危机等困局。或许，这也是引发 A 股持续暴跌的主要原因之一。

笔者认为，寻找股市暴跌元凶，查明真相固然重要，但是，对于管理层而言，也急需借助此次股市暴跌风波，做好充分的反思，并及时完善市场的交易制度，修复市场存在已久的交易漏洞，否则，待下一次风波来袭之际，我们也只能陷入束手无策的尴尬局面。

3.9 A 股暴跌，为何引发全球高度警惕？

在 2015 年之前，A 股市场还是一个号称“熊冠全球”的股票市场。然而，1 年之后，A 股市场却被冠以“疯牛”的称号。不过，在短暂的“疯牛”行情过后，A 股市场却再一次步入了“熊途”，市场投资信心再一次降至了冰点。

2015 年 7 月 27 日，A 股市场创出了 8 年来的最大单日跌幅。以上证指数为例，当天市场大幅下挫了 8.48%，并一举击穿了4 000点、3 900点以及3 800点的整数关口。7 月 28 日，A 股市场并未出现明显的止跌行情，而是延续了周一的杀跌惯性，盘中指数还一度下挫了5%。

不过，值得一提的是，受到27日A股市场的暴跌冲击，全球股市也或多或少地受到了拖累。其中，欧美股市普遍跌幅都在1%左右，而深受内地市场影响的港股市场，更是出现了3%左右的下跌幅度。

A股市场暴起暴落的走势，引起了全球各地的高度警惕。

实际上，在这1年时间内，A股市场的国际影响力确实迅速提升。在2015年，虽然A股仍未被纳入MSCI，但却被纳入英国富时罗素指数，并给市场带来了一定的新增流动性。此外，随着沪港通以及基金互认的先后推进，A股市场的国际影响力也得到了快速的提升。

除此之外，在这1年时间内，A股市场的总市值发生了巨大的变化。截至2015年7月27日，A股市场的总市值已经达到56.76万亿元。这一数据虽然较之前高点有了一定的回落，却依旧成为全球总市值规模第二大的股票市场。

即使A股市场仍然受限于资本管制等相关约束，但其在国际上的综合影响力已经得到迅猛的提升。或许可以这样认为，只要A股市场发生了大动荡，就会给全球股票市场带来一定程度的冲击影响。

A股市场的暴起暴落，似乎成了常态现象。但是，面对股市的再度暴跌，究竟是管理层对市场的有意测试，还是管理层对恶意做空行为感到无可奈何呢？

事实上，在这一段时期内，我们总会听到两种典型的声音。其中一种是国家队的救市呼声，而另一种则是外媒机构对A股市场的“指指点点”。

市场经常会产生一种错觉，即外国机构在暴跌行情中存在恶意唱多做空的可能性。然而，在实际操作中，因我国资本市场的相关管制，外资在市场中的总体影响力还不至于那么强大。那么，究竟是什么力量，让管理层身处尴尬的境地呢？

或许，我们还不知道“敌人”是谁。但是，换一种角度思考，我们却可以清晰地看到，在股市暴跌行情中，管理层的危机应急能力确实很差劲。

以前一段时期为例，证监会严打场外配资，其本意在于降低市场整体资金杠杆率，促使市场回归理性投资。然而，在其全面打击场外配资的过程中，却引起了巨大的资金踩踏效应，而此次严打场外配资，在很大程度上变成了股市暴跌的导火索。

随后，在多部委全力出击的大背景下，股市的踩踏风波也得到了短暂的平息。在多方的努力之下，才没有让我国金融市场的系统性风险得以爆发。

不过，时隔半个多月，A股再现暴跌走势。事到如今，也只能再一次考验管理层的危机应急能力了。

显然，面对当时的A股市场，市场整体的抗跌能力还是相当薄弱的。甚至可以认为，市场几乎抵挡不住丝毫的利空袭击。与此同时，经历了前段时间国家队全力救市的行动之后，市场产生了一种严重的依赖症，即对国家队的救市行动产生了严重的依赖。然而，当传出国家队逐步撤退的传闻时，市场却完全压制不住极度恐慌的情绪，从而导致市场再度出现断崖式的下挫行情。

笔者认为，归根结底，其实还是市场的投资信心严重不足，进而经受不住任何的风吹草动。对此，在市场抄底欲望不强且缺乏可持续的做多力量之际，实则无法从本质上稳住市场，进而稳住市场的“人心”。

3.10 A股再度暴跌的原因何在？

“暴跌”“千股跌停”等，当属7月27日市场提得最频繁的关键词。然而，对于稍微回暖的A股市场而言，27日股市的再度暴跌，却让市场再一次陷入极度恐慌的氛围。截至收盘，上证指数暴跌8.48%、深证成指暴跌7.59%，而中小板以及创业板指数则分别暴跌7.76%以及7.4%。

这一段时期，国家队的强力救市，曾经给市场带来一些“暖意”。与此同时，A股市场也在国家队的“关照”之下出现了明显回升的行情。

值得注意的是，其间国家队的一系列救市举措，确实也对投资者的投资信心起到了很大的提振作用。其中，停发IPO、21家券商联合强调4 500点以下自营盘不减持以及证金公司的大举买入等，当属其中最为核心的救市方式。

不过，时隔半个多月，虽然A股市场并未重返4 500点高点，但是这一系列的微妙举动，却给A股市场带来了沉重的压力。显然，经历过前期股灾的冲击，A股市场的人气依然未能得到迅速修复。

市场的神经是极其脆弱的，完全禁不起一点风浪。换言之，只要市场出现任何的风吹草动，就会把前期辛苦修复的市场人气迅速击溃。

显然，27日的股市暴跌，就是这样的一种真实写照。

回顾当天的股市暴跌，确实引发了不少投资者的思考。然而，从当时所获悉的消息或者是传闻来看，最具杀伤力的，莫过于以下几大消息。

其一，据外媒消息，中国证券金融股份有限公司已归还部分商业银行的同业贷款。不过，针对这一传闻，部分机构明确表态，证金公司只是把明显富余的钱还回一部分，此举与退出是两回事。

其二，据消息称，IMF 敦促中国退出救市。若消息得到证实，则与上述第一条证金公司的举动有着或多或少的联系，将直接引发市场的忧虑情绪。

其三，猪肉价格的暴涨，引发市场对我国货币政策转向的担忧。

其四，证监会赴上海铭创、浙江同花顺检查场外配资，并表示将进一步核查有关线索，监督相关方严格执行证监会的相关规定等。此举实则强化了市场“去杠杆化”的预期，加剧了市场的恐慌情绪。

然而，当时的 A 股市场其实还存在多个潜在的重磅利空消息，例如 IPO 重启预期、国家队逐步撤退预期以及注册制推进预期等。显然，若市场再度启动这一系列的举措，则将进一步击溃市场的“人气”。

除此之外，在国外方面，还存在着美国加息等预期。由此可见，在国内外多重利空因素的叠加效应下，实则给市场带来了直接性的冲击。

不过，笔者认为，事实上，上述原因只能属于 A 股暴跌的直接或间接原因，而并非根本原因。显然，在当时神经极其脆弱的 A 股市场，任何的风吹草动都足以导致市场再度陷入恐慌的状态。投资者投资信心溃散、市场对国家队强力救市存在强烈的依赖感等问题，才是

27 日 A 股再度暴跌的根本原因。

此时此刻，面对股市的再度暴跌，管理层该不该再度出手，已然引起各方的高度重视。但是，面对当时的 A 股市场，管理层实则已被疲软的股市所绑架，政策出台已经到了进退两难的阶段。恐怕，对于当时而言，管理层再度修复市场投资信心的难度已经大幅增加了。

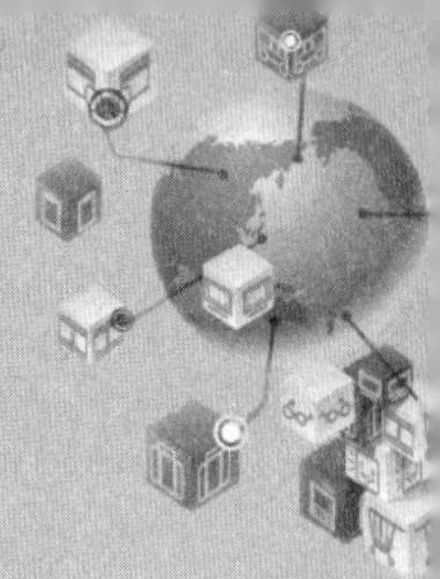

第4章 公司基本面分析

4.1 中国股市为何盛产“不诚信企业”？

谈及中国股市，给人的印象就是一个“乱”字。其中最为普遍的现象是，企业为了达到上市的目的，不惜采取违规造假的手段。更有甚者，还会透过与相关管理层的“亲密关系”，提前达到上市的目的。当企业上市后被发现问题时，管理层却以极低的违规成本惩罚上市公司。因此，企业的违规造假现象逐渐成为市场的常态，而管理层对此依然会按照原有的法规办事。那么，在国内，为何企业会不惜一切代价争取上市呢？

一般而言，企业成功上市会产生诸多的好处。其中，为企业筹集资金、扩展企业的融资渠道当属企业上市的主要目的。同时，企业上市还能够有效提高自身的品牌价值，大幅提升企业自身的知名度。此外，当企业成功上市后，大股东、高管的身家必然大幅飙升。

但是，与此同时，上市后企业的自主权将会有所削弱。因为企业需要按时进行信息披露，提高企业经营运作的透明度。换言之，即将企业放至公众的监督之下。

多年来，不少企业不惜采取一切手段谋求上市。但是，也有极少数企业始终坚持不上市。

老干妈的陶华碧、华为的任正非以及娃哈哈的宗庆后都是坚持不上市的典型代表。

前一段时期，有媒体就企业上不上市的问题采访了上述人士。老干妈董事长陶华碧表示，她坚决不上市，认为那是骗人家钱的表现。而娃哈哈董事长宗庆后表示，当时还没有上市的计划。上市融资需要对股民有个交代，要给股东比较好的回报才行。而上市会稀释股权，员工的回报将变少。

企业不上市，并不代表企业缺乏前瞻性的眼光。相反，企业不上市会强化企业的自主权，无须将企业放至公众的监督之下。此外，因国内 A 股市场的运行体系混乱，经常会陷入“好企业进去，烂企业出来”的尴尬局面，所以，在不成熟的市场体系下，优秀企业进军 A 股市场，更可能会被恶劣的市场环境污染，逐渐丧失自身的优势。

值得一提的是，盛产“不诚信企业”当属 A 股市场的主要问题。

从虚增收入 7.4 亿元的万福生科，到连续 5 年虚构 3.44 亿元利润的南纺股份，再到 6 年虚增利润 2.2 亿元的新中基，均深刻反映出 A 股市场上市公司的不诚信问题。

企业的不诚信行为缘自企业家的“好高骛远”或责任心严重缺乏。然而，正因为市场的违规成本极低，且市场的造富效应强烈，从而导致企业不诚信行为的产生。

针对市场违规成本极低的现象，管理层需要承担较大的责任。一方面，《中华人民共和国证券法》对管理层的执法力度设置了很大的限制，而相关法律法规却迟迟未能完善。另一方面，面对频繁上演的违规造假行为，管理层却继续沿用极低的违规成本来处理这类不法行为，无疑为违规造假乱象开了绿灯，间接纵容企业的违规造假行为。

市场强烈的造富效应，其实就是企业蜂拥上市的主要动力。

只要成功上市，身家就会暴增。确实，以上市的飞天诚信为例，飞天诚信经历了11个涨停板，股价从33.13元飙升至最高的145.5元，累计最大涨幅竟高达339%。

实际上，飞天诚信在一级市场的发行价达到了33.13元，相应的股东能够获取最高为339%的利润。而作为拥有原始股的大股东，其获利空间就更加巨大了。

再以2009年成功上市的华谊兄弟为例。早在华谊兄弟上市之前，李冰冰、冯小刚、任泉等名人就以不足1元的低价购买了大量的华谊兄弟股票。2009年，华谊兄弟确定首次发行A股的价格为28.58元，发行市盈率为69.71倍。同年10月30日，华谊兄弟首日收盘价为70.82元，较发行价格暴涨147.76%！

显然，通过低位持有大量华谊兄弟股票的股东们，均成了亿万富豪。可见，在如此强烈的造富效应下，谁不愿意迅速加入这个行列呢？

正因为这种强烈的造富效应，企业上市后，大股东、高管们身家暴增，于是，企业高管们无心再为企业拼搏，大家都争取机会高价卖股。更有甚者，在上市前辞职，提前获取企业上市后带来的巨大利润。

笔者认为，违规成本极低以及造富效应强烈成为中国股市盛产“不诚信企业”的主要原因。于是，在此环境下，“好企业”最终会受到污染，数年后，沦为“烂企业”。至于“烂企业”，凭借着自己与地方的特殊关系，却能够通过各种手段长期存活。试问，这样的市

场环境还能够创造出伟大的企业吗？

4.2 *ST远洋摘星摘帽是最大的讽刺

近年来，股市“不死鸟”现象频繁上演，其间，管理层也针对这一乱象制定了系列的政策。然而，该神话依然在上演，也为后期全面推行的注册制度埋下了隐患。

例如，*ST远洋的摘星摘帽行动引来了不少的争议。

2013年3月29日，中国远洋因2011年度以及2012年度经审计后的净利润均为负值而遭遇退市风险警示的特别处理，公司证券简称也因此变更为“*ST远洋”。

按照国内证券市场的规则，只要上市公司连续3年亏损，股票将被暂停上市。而连续4年发生亏损，则股票将被终止上市。

显然，经历了2011年以及2012年亏损的*ST远洋，若公司2013年度再度发生亏损，则将面临暂停上市的危机。然而，正当危机之际，公司却用特殊的手段化解了这一场危机，且最终完成了摘星摘帽的华丽转身。

据资料显示，2013年度，*ST远洋实现扭亏为盈，当期的净利润为2.35亿元。因此，上交所于2014年4月1日同意了公司撤销退市风险警示的申请，并于2014年4月3日起复牌并撤销退市风险警示，而股票简称也再度恢复为“中国远洋”。

不过，在公司业绩实现华丽转身的背后，却暴露出一系列的问题。

据了解，2013年中国远洋为确保不被暂停上市，完成了多项资产出售的计划，其中包括出售中远物流100%的股权、出售中远集装箱工业公司100%的股权以及出售青岛、上海等两处物业资产股权的项目。这一系列的处置损益达到数十亿元。

*ST远洋最终实现了摘星摘帽的目标，这也就意味着，*ST远洋又增加了几年的生存时间。接下来，公司可否借助此次摘星摘帽的时机而实现恢复性的盈利，也在很大程度上依赖于管理层的决策以及集装箱、干散货航运市场的发展前景。

实际上，通过*ST远洋华丽转身的事件可以认为，当时国内证券市场确实存在很大的漏洞。而股市“不死鸟”神话的长期上演也进一步凸显了“进来难，出去更难”的问题。随着未来注册制度的全面铺开，若相关的退市制度依然不健全，则可能会引发更大的风险。

多年来，不少上市企业借助一系列的特殊手段完成了华丽大转身。其中，最常用的手段是借助非经常性损益、出售资产、调整折旧年限以及地方补贴等实现扭亏。

以地方补贴为例，近年来，地方对上市企业的补贴力度有增无减。而在过去3年，A股收到财政补贴的数额高达上千亿元，且呈现出逐年上升的趋势。

另外，值得一提的是，摘星摘帽的条件放宽也是成就股市“不死鸟”神话的关键性因素。

根据新版的上市规则，*ST远洋摘帽的情形不再与“最近一个会计年度的审计结果表明股东权益为负值”“最近一个会计年度的财务会计报告被会计师事务所出具无法表示意见或者否定意见的审计报告”“撤销退市风险警示后，最近一个会计年度审计结果表明主营未运营正常，或者扣非后净利润为负值”等相关的重要财务指标有关联。

若按照以前的规则分析，*ST 远洋凭借最大约 1 年的非经常性损益实现了扭亏为盈的格局，仅能达到脱星的目的。而公司要想达到摘星摘帽的目的，则需要符合更严格的条件。

随着相关的限制放宽，上市公司满足摘星摘帽的要求也大幅度减少了。于是，上市公司结合相应的特殊手段，继续上演股市“不死鸟”的神话。

笔者认为，*ST 远洋迅速实现摘星摘帽的目标，可以看成是对当时国内证券市场的最大讽刺。“只进不出”已然成为当时 A 股市场的一大特色。很难想象，在注册制全面铺开之后，股市又会遭遇多大的冲击。

4.3 GQY 视讯巨资购豪车的背后

在 A 股市场中，从来不缺乏奇葩的上市公司。比如 GQY 视讯以高价购买一辆二手劳斯莱斯车辆的事件便引发了不少争议。

GQY 视讯董事会以全票通过的方式，计划以 580 万元的评估价，购买关联人袁向阳名下的一辆劳斯莱斯幻影 SCAIS685 车辆。针对此次购买行动，公司表示，此举将有助于公司主营业务做好做强，同时也能够起到提升公司形象等作用。

购买车辆本来是一件平常事。但是，上市公司拟以巨资购买董事旧车却是一件不平常的事情。

值得一提的是，对于 GQY 视讯而言，580 万元并非一笔小数目。根据该公司 2013 年的年报显示，公司实现基本每股收益仅为 0.07

元，净利润为744.68万元。显然，580万元的购车计划将占公司2014年全年净利润的77%。由此可见，GQY视讯的此次购车行动确实值得质疑。

首先，一辆二手劳斯莱斯车辆如何让公司的主营业务做好做强呢？

从公司的主营业务分析，公司本次购车行动似乎与公司的主营业务并无多大的关联。而该上市公司拟以巨资购车，却透露出一种不务正业的意味。

不过，借助公司相关责任人的言语，还是能够或多或少地了解公司巨资购车的背后秘密。

据媒体报道，公司相关责任人针对此次购车行动有如下的答复："公司当时的业务与政府和机关均有紧密的联系，希望在与这类人打交道时有高级一点的车辆。"

根据上述的话语，上市公司拟借助二手劳斯莱斯来提升自身的身价，进而强化与政府之间的联系，显然，此举也直接暴露出地方与上市公司之间不可告人的秘密。

长期以来，在法治观念薄弱的环境下，"权大于法"的现象频繁出现。同时，政府也因权力过度垄断而间接加大了企业的发展成本。至此，企业要想获得较好的发展空间，就必须与政府搞好关系。

从这一点分析，GQY视讯的购车行动是其发展诉求的真实写照，同时也暴露出政府与上市公司之间的利益关系相当复杂。但是，仅仅依靠一辆二手劳斯莱斯就想与政府搞好关系，从而让公司的主营业务做好做强，确实有点天方夜谭。

其次，公司管理层决策随意，实质上是损害投资者切身利益的真实体现。

10 月 20 日晚间，GQY 视讯计划以巨资购买公司董事的二手劳斯莱斯，且以董事会全票通过的方式实现。然而，时隔一天，即 10 月 21 日晚间，公司董事会同意取消原提交公司 2014 年第三次临时股东大会审议的《关于购买资产暨关联交易的议案》。

前一天，公司公开表示，该举措将利于公司提升形象、利于主营业务的做好做强，具有积极性的意义。随后，公司却因舆论的压力被迫取消巨资购车计划。显然，公司巨资购车的行动并不能经受住市场的质疑。而公司管理层的决策随意性，更暴露出公司发展的重大缺陷。

再次，公司买车，最终还是由股民来买单。但是，又是谁代表了股民的利益呢?

GQY 视讯斥巨资购车，其明确是以自有资金的形式购买董事长老婆的二手劳斯莱斯。然而，就在此次购车行动的前 1 个月内，郭启寅、袁向阳夫妇就存在大幅减持公司股份的行为。

实际上，羊毛出在羊身上，公司巨资购车的行动最终还是由股民来买单。

此外，在此次购车行动中，董事会全票通过以及独立董事们的一致认同行为，也引发了我们的反思。

不可否认，GQY 视讯的此次购车行动充满了疑点。而且，公司以巨资购买董事二手车的行为也难以经得起市场的质疑。那么，公司的独立董事们为何轻易表决通过此次的购车行动呢?

通过此次事件可以看出，GQY 视讯的独立董事并没有尽职尽责地履行义务，更无法保障普通投资者的合法权益。独立董事更像是一种摆设，同时也暴露出其与上市公司之间存在紧密的利益关系。

最后，GQY视讯作为一家创业板上市公司，反映出来的问题也暴露出我国创业板市场中的诸多缺陷。其中，2015年GQY视讯实际控制人的大肆减持套现行动，实际上也从某种程度上深刻反映出我国上市公司无心经营企业，却借助各种手段来牟取暴利的现象。

近2年，GQY视讯的经营状况并不理想，且在2015年第一季度出现业绩亏损的局面。然而，在公司发展前景不大明朗的前提下，公司实际控制人却出现大举减持公司股份的行为。

值得注意的是，在公司实际控制人大举减持公司股份前2周的时间内，GQY视讯却出现了股价加速上涨的走势，其间累计最大涨幅超过30%。然而，同期创业板市场的表现并不显眼，最大涨幅仅有1%。

随着公司股价的大幅上涨，最终达到了公司实际控制人大举减持公司股份的目的。

多年来，我国创业板市场已经沦为“造富板”，同时，多名创业板上市公司高管也因减持套现而实现“一夜暴富”的目标。

综上所述，笔者认为，虽说公司最终取消了巨资购车的行动，但是GQY视讯狠砸钱的计划实际上已经严重损害到投资者的切身利益。

长期以来，不少企业借助各种手段实现上市的目标，但是其上市的最终诉求却是“一夜暴富”，并非踏踏实实地经营好自己的企业。而在我国违规成本极低的大环境下，企业上市就是为了“捞钱”，并不用对投资者负责任，更不用给投资者合理的投资回报。显然，这确实是我国证券市场的悲哀，管理层也到了该深刻反思的时候了。

4.4 *ST广夏的重组大戏还要唱下去吗?

*ST广夏原名为银广夏，早在1994年6月就上市了。它因10多年前的一次财务造假事件而震惊中国证券市场。

1999—2001年，银广夏因其骄人的业绩，而被市场认为是“中国第一蓝筹股”。其间银广夏的股价出现了惊人的上涨走势，累计最大涨幅竟超过了400%，成为当时市场的一大亮点。

不过，在银广夏股价不断创出新高的同时，其业绩造假的事实也终于遭到了媒体的曝光。

据数据统计，银广夏1998—2001年累计虚构销售收入高达104 962.6万元，虚增利润高达77 156.70万元。同时，公司还存在隐瞒下属公司的设立关停等情况，对市场造成了极大的影响。

不过，这一起严重的造假事件并没有让银广夏终止上市。当时证监会也仅对银广夏做出了行政处罚，并处以60万元的罚款。

时隔10多年，银广夏的名字依然出现在中国证券市场之中。不过，此时的银广夏，却遭到了披星戴帽，名称也改成“*ST广夏”。

不可否认，银广夏可以被认为是中国证券市场中的“不死鸟”之王，但需要注意的是，自2001年的造假风波后，银广夏的“丑事”并未因此而停止，反而是变本加厉。

从亏损到盈利，再从盈利沦为亏损，银广夏业绩的大起大落早已成为常态。然而，在银广夏业绩不停变脸的同时，它依然高举着重组的大旗，并借此实现了“乌鸦变凤凰”，再从“凤凰变乌鸦”的过程。

2010 年 11 月 4 日，银广夏因破产重组而遭到停牌。时隔 4 年多，*ST 广夏（银广夏）再度以重组的身份恢复在二级市场上的交易。遗憾的是，停牌已久的银广夏并未因重组预案的出炉而遭到市场的热捧，反而成为市场打压的对象。截至 2010 年 12 月 30 日收盘，*ST 广夏终以跌停报收，跌停封单高达 51.3 万手，换手率也仅有 0.92%，当日累计成交金额仅为4 015.14万元。

根据*ST 广夏披露的重组预案来看，它拟通过定向回购股份与发行股份及支付现金的方式，收购宁东铁路 100% 的股权，标的资产预估值约为 44.74 亿元。与此同时，宁东铁路的现任股东承诺，在本次交易完成后的连续 3 个会计年度，上市公司净利润合计不低于 10 亿元。

按照一般的设想，宁东铁路拥有着较好的盈利能力，可借助重组消除上市公司的退市风险，此举本来为上市公司带来良好的预期。但是，为何在重组预案公布后的次一个交易日，市场却以巨单“一字”封跌停的形式来回应呢？

事实上，早在前 2 年，重组方已与中小投资者就*ST 广夏的重组事宜展开了激烈的争论。其间，因中小投资者不满意当时的重组方案，*ST 广夏的重组进程被不断拖延而成为当时市场关注的热点。

*ST 广夏重组预案的突然出炉，让沉寂 4 年多的*ST 广夏再度成为市场热议的对象。

按照相关方案，本次新增股份的发行价格拟定为 4.96 元/股（拟参考 2010 年 9 月 16 日制定的增发价）。待重组完成后，宁东铁路将成为*ST 广夏的全资子公司，而宁国运也成为其控股股东。

不过，这一偏低的增发价格引发了投资者的不满。

按照*ST 广夏停牌前 7 元/股的价格，其对应的市值高达 48 亿元。按照初步的想法，如果当初*ST 广夏以停牌价格的九折进行增发，即为 6.3 元，重组方 40 多亿元的净资产大约可以获取 6 亿多股的股份，则对应的总股本也仅能扩大至 13 多亿股。

不过，当时 4.96 元/股的增发价格，相当于按照停牌前股价的七折进行增发。显然，偏低的增发价预示了重组方可以获取更多的股份，一来能够实现直接的利益输送；二来又在很大程度上扩大了总股本的规模，压制了上市公司的估值水平。

值得一提的是，宁东铁路这一重组方似乎并不受到*ST 广夏投资者的欢迎。

究其原因，宁东铁路本身属于铁路类型的企业，其在二级市场对应的估值水平偏低，无法给*ST 广夏的投资者带来预期的投资回报率。此外，2015 年宁东铁路的盈利状况并不理想，因受煤炭行业需求下降等因素的制约，公司的铁路运输需求也出现了不同程度的下降，由此冲击着年内的盈利能力。如此一来，就进一步压缩了上市公司的想象空间。

笔者认为，中国证券市场可以被认为是造假者的天堂。一方面是因为市场违规成本极低，严重造假企业却无须终止上市；另一方面是因为市场制度给予了股市“不死鸟”太多的生存空间，从“乌鸦变凤凰”，再到“凤凰变乌鸦”，如此反复，上市企业也不会被轻易清理。

显然，*ST 广夏当属中国证券市场历史上一个经典的“不死鸟”神话。经历了一番打造后，*ST 广夏又可以继续唱它的重组大戏，实现华丽的大转身，最终依然存活在中国证券市场之中。

4.5 A股上市公司拼的是吹牛的本领？

A 股市场已经发展了 20 多年的时间。虽然经历了 20 多年的发展，但是 A 股市场过度投机的色彩却愈演愈烈。甚至有一组数据显示，内地股市的持续火爆把澳门博彩业的收入拉低了。或许可以这样认为，澳门的赌客们也逐渐瞄准了 A 股这一个庞大的投机市场。

A 股市场无奇不有，从“神创板”到“神车”“神船”，再到“神油”，就连上市公司更改一个名称也会引起社会各界的高度关注，甚至引发资金的大肆爆炒。

曾经就有这么一个案例，在 20 世纪 90 年代，有一家公司以“福建豪盛”的名字登陆 A 股市场，并在随后的时间内先后变更为“利嘉股份”以及“多伦股份”。

多伦股份又发布了一个震惊市场的消息，即因表示立志于做中国首家互联网金融的上市公司，公司名称经过了慎重考虑，拟变更为“匹凸匹”。

显然，公司瞄准了当时的社会热点，借助牛市的契机，给公司起了一个霸气的名称。果然，在公司有意更改上市公司名称之际，其股价也被资金疯炒起来。当时，多伦股份已经出现连续性的大幅上涨，其股票市值也提升了不少。

事实上，在多伦股份筹划更名之前，A 股市场中已有多家公司频繁更替为霸气的名称。例如，宝利来更名为“神州高铁”、正和股份更名为“洲际油气”、科冕木业更名为“天神娱乐”以及百圆裤业更名为“跨境通”等。

不过，纵观上述多个霸气的名称，其更名的背后却并非完全是主业的更替。更为普遍的是，这类上市公司借助更名来吸引市场的眼球，并由此提升上市公司的知名度。

显然，上市公司知名度的大幅提升离不开相关股价的爆炒以及股票市值的大幅飙升。

此外，还有一些上市公司确实具备重组的可能。但是，在当时的牛市行情中，上市公司仍未完成重组的筹划，股票价格却早已“飞天”。可想而知，无论重组结果如何，最终买单的，还是那些可怜的中小投资者。

值得注意的是，除了上述现象之外，部分上市公司也善于借助更名来掩饰之前的不良形象，例如前期备受市场关注的绿大地。

实际上，在绿大地更名为“云投生态”之前，这家上市公司可谓家喻户晓。然而，其家喻户晓的原因，并非是这家公司的形象有多么“高大上”，而是因为它之前存在欺诈上市等丑陋行为。

时隔多年，这家曾被调查发现虚增营业收入接近3亿元的公司，却瞬间变身为另一个形象。而此时，上市公司的股价也得以腾飞，上市后公司市值更是一涨再涨。

中国股市确实非常火爆，而股票炒作更是热火朝天，但是，纵观多数被爆炒的股票，其自身并未具备实质性的基本面支撑，反而是集多个具有象征性意义的热门概念题材于一身。

毫不夸张地说，在当时的牛市行情中，A股上市公司拼的不是基本面，也不是成长的预期，而是吹牛的本领！

4.6 中国中车2天暴跌超过20%的背后

随着中国中车的正式复牌，以往我们熟悉的南北车股票也自此消失了。不过，在过去一年时间内，南北车带给市场的，更多的是刺激与过瘾。显然，如果能够享受到前期南北车疯狂暴涨的过程，也是人生中的一大幸事。

据资料显示，2015年6月1日晚间，中国南车发布公告称，中国南车与中国北车的合并换股实施工作已经完成，而公司股票简称也由“中国南车”变更为“中国中车”，变更日期为2015年6月8日。换言之，自2015年6月8日起，中国中车股票正式复牌上市，由此拉开中国中车登陆A股市场的大幕。

不负众望，在6月8日当天，中国中车以一字涨停板的姿态复牌，而全天的成交金额也有7.72亿元。不少股民感慨，如果能够在这个时候顺利抢进中国中车，那该是多么完美的事情！

不过，这一“幸运”的时刻还是来临了。

2015年6月9日，中国中车以35.64元的涨停价格开出，但在随后短短的5分钟内，股价却出现了大幅跳水的走势，全天震荡幅度高达20%。此时，不少以涨停价格开盘抢进的股民，无奈“中枪”，而之前期盼的“美梦”，瞬间变成了“噩梦”！

虽然距离中国中车复牌上市的时间仅有3个交易日，但是在这3个交易日内，中国中车的最大下跌幅度却相当惊人。

截至6月10日收盘，中国中车报收26.52元，下跌9.73%。按照6月9日的最高价格35.64元计算，则当天以最高价格抢进的股民，在不到2个交易日的时间内，最大的亏损幅度超过25%！

面对中国中车的接连暴跌，股民们对中国中车的良好印象也大打折扣。于是，中国中车从“中国神车”的神坛，直接跳落至“中国废车”的位置。更有甚者，把中国中车描述为新时期下的中国石油。

显然，中国中车持续性大幅暴跌的走势，确实给不少投机股民敲响了警钟。这也印证了一个道理，即市场从来不会存在只涨不跌或者只赚不赔的股票，当股民一窝蜂似的看好某只股票时，往往预示着该股票即将形成重要性的拐点。

事实上，在中国中车正式复牌上市之前，南北车也凭借着两车合并的消息进行大肆炒作。以A股市场为例，在南北车正式合并之前，其相应的股价就出现了超过4倍的涨幅，且远远超出了同期市场的涨幅水平。

虽然中国中车出现大幅下挫的走势，但是有一些看点仍值得我们股民去思考。

其一，南北车合并为中国中车，其沉重的估值压力仍然无法消除。

截至6月10日收盘，中国中车在A股市场中的总市值为7 237亿元，而其在H股市场中的总市值，折合人民币约为3 400亿元。换言之，中国中车在AH市场中的总市值规模超过万亿元。

但是，从两地市场的股价及相应的市盈率数据分析，却存在着巨大的差距。

仍以6月10日的收盘数据为例，中国中车在A股市场的股价为26.52元，对应市盈率高达186倍。至于其在H股市场的股价，折合人民币约为10.41元，对应市盈率为50.8倍。由此可以看出，同一家上市公司，其 A 股较 H 股存在较大的溢价率。

值得注意的是，与国外成熟市场的同类垄断型大型企业相比，中国中车的估值压力更大，而其股价经历了前期的持续爆炒，似乎也进一步透支了其未来的上涨预期。

其二，中国中车当属当时大型国企合并的标杆案例，但后续改革压力不可忽视。

就当时而言，虽然南北车的合并换股实施工作已经完成，且中国中车已完成复牌上市的任务，但是，这一合并进程或许才刚刚开始。未来企业合并后的内部整合，更是关键的看点。与此同时，合并涉及的资产庞大、流程复杂等，也进一步增加了后续的整合难度，此举也给未来亟待合并改革的上市企业提供了宝贵的经验。

但是，南北车的合并更像是一次摸着石头过河的尝试，其本质还是一着险棋。至于其合并后的前景如何，或者是未来的业绩增长预期是否能够得到保障等，仍然属于未知之数。

笔者认为，中国中车在 2 天时间内，股价暴跌超过 20%，实则给那些盲目跟风乃至盲目扩大资金杠杆的股民敲响了警钟。确实，面对此类前期遭遇市场爆炒的热门股票，在盲目追高抢进之后，要么就是把利润迅速扩大，要么就是把财富瞬间蒸发。因此，股民在追涨那些没有太大把握的爆炒股票时，真的要充分衡量自身的风险承受能力，三思而后行。

4.7　股市“不死鸟”为何成为经久不衰的神话？

每年年末，地方财政通过各种渠道补贴上市企业已经成为常态。

而部分临近退市边缘的上市企业，更是过度依赖地方财政补贴来实现年终保壳的目标。

税收优惠、减免利息费用等当属地方补贴上市企业的主要方式。近几年，地方对上市企业的补贴力度有增无减。据媒体数据统计，3 年间 A 股收到财政补贴高达上千亿元，且呈现逐年上移的趋势。

以 2011 年为例，*ST 松辽与*ST 昌九等上市企业属于当年地方财政补贴的典型。*ST 昌九当年收到了化肥生产经营一次性财政补贴高达 1.6 亿元。再以 2012 年为例，*ST 黄海、江淮汽车等上市企业成为当年获取地方财政补贴较高的企业之一。*ST 黄海当年获得 3.7 亿元的搬迁补助金，这笔资金为企业扭亏立下了汗马功劳。再以 2015 年为例，有数据统计，约有 35 家上市企业获得地方的财政性补贴，累计补贴金额高达 11.53 亿元。其中，*ST 南化以 2.9 亿元的财政补贴成为 2015 年获得地方财政补贴最多的上市企业。

多年来，虽然我国的退市制度得以完善，但是整体的年均退市率却不见有效增加，何解？笔者认为，退市制度的整体执行效率不高是关键性的因素。另外，由于地方的干预，每年均出现了一大批该退而不退的企业。

一般而言，上市企业连续 3 年亏损将面临退市的危险。然而，在企业退市之际，地方总能找出各种理由为上市企业提供大量的补贴，进而使企业得以扭亏。值得深思的是，地方通过财政补贴等手段让企业长期存活，将导致市场更多的资源被这类执行效率低下的企业占据。这样一来，市场难以保持充足的活力，而股市的吸引力也被大大地降低了。

在股市“不死鸟”神话延续的同时，实际上也严重阻碍着 A 股的健康成长。多年来，中国股市的畸形式发展不仅缘于市场的过度性融资圈钱，而且还在很大程度上受制于地方的间接性干预。

当时 A 股市场拥有近2 500家上市企业，市场的总市值更是高达 22 万亿元。可是，在上市公司数量持续高增长的同时，退市的企业却寥寥无几。据统计，自 2001 年 4 月 PT 水仙被终止上市以来，沪深两市退市的企业仅为 75 家。

2 466家上市企业与 75 家退市企业相比，后者占比仅为 3%。当然，这一数值还是经过了 12 年累加而成。对比国外成熟市场，以纳斯达克市场为例，每年因各种原因被迫退市的企业为数不少，年均退市率高达 8%。尽管当地的上市准入门槛相对较低，但是市场的配套措施却相当完整。因此，在这样的市场运作机制下，股市得以实现优胜劣汰的目标。

值得庆幸的是，在不久的将来，国内长期存在的股市“不死鸟”现象有望得到改变。正如重要会议所述，未来将强调市场在资源配置中的决定性作用，而股票发行注册制作为市场化程度最高的制度将有效减缓上述长期存在的乱象。

在股票发行注册制的模式之下，审核机构的权力被大大弱化，而企业能否成功上市则由市场决定。虽说这种模式在前期执行阶段将会大幅增加市场的供给量，进而加大市场的负担，但是从另一个角度分析，随着市场自身的调节能力加强，未来股市的“不死鸟”神话或将被打破。不过，综合来看，股票发行注册制度是一项战略性的举措，不适宜过快地推进。

笔者认为，当前 A 股上市公司的年均退市率极低，这是非常不正常的。尽管股市发行注册制度不适宜在当时的市场环境下迅速推出，但是展望未来，在监管处罚等措施进一步完善之时，可逐渐推进市场化程度最高的注册发行制度，以进一步挤压股市“不死鸟”的生存空间。

2015 年 8 月 11 日以来，人民币大幅贬值的事件引起了社会各界的高度关注。与此同时，8 月 12 日复牌交易的协鑫集成，同样受到了市场的高度关注。

究其原因，一方面在于协鑫集成的前身就是前期备受争议的上市公司超日太阳；另一方面则在于该股复牌交易的首日创出了暴涨 9 倍的神话，震动了整个证券市场。截至 8 月 12 日收盘，协鑫集成股价报收于 13. 25 元，较复牌前的 1. 22 元大幅上涨了 12. 03 元，涨幅高达 986. 07%。

事实上，超日太阳（更名前）这一家上市公司，老股民并不陌生。在其正式更名之前，公司也曾经濒临破产清算的边缘。不过，让人困惑的是，一家上市仅有 4 年多的上市公司，却在短时间内完成了从上市到亏损，再到 ST，而后到暂停上市的尴尬局面。与此同时，超日太阳在其上市不到 3 年的时间内，也遭到了相关部门的立案调查。由此可见，这一家上市公司可谓“劣迹斑斑”。

不过，对于 A 股市场而言，这也算不上什么重大新闻。但是，曾经的超日太阳，却因一件事而引发了全国性的轰动。

前几年，超日太阳发行的“11 超日债”出现了罕见性的违约风波，这是继当时中诚信托有限违约之后的又一起重大违约事件。但是，它与中诚信托的有限违约不同，属于实质性的违约事件，由此打破了中国债券史上的刚性兑付神话，随后亦在一定程度上引发债市的动荡。

显然，“天无绝人之路”这一句话还是充分体现在超日太阳的身上了。由于协鑫集团的牵头重组，最终超日太阳成功更名为“协鑫集成”。协鑫集成的成功复牌交易，实则也在一定程度上预示着股市“不死鸟”神话的再度延续。

实际上，纵观过去的历史，对于那些亏损乃至濒临退市的上市公司而言，每逢关键的时刻，都会出现一股神秘的力量为其摆脱困境。其中，最为普遍的形式是地方主动救助以及上市公司自救。

以前者为例，地方财政通过各种渠道补贴上市公司已经成为常态。与此同时，地方还会频繁采用税收优惠、减免利息费用等手段来救活这些亏损公司。

至于后者，对于亏损，尤其是濒临退市的上市公司来说，它们更热衷于用各种灵活手段进行保壳。其中包括借助非经营性损益、出售资产以及调整折扣年限等。此外，这类公司还会积极地与其他渠道进行沟通，并充分推广其壳资源价值，从而吸引部分企业借助资产注入等方式来完成华丽大变身。

由此可见，在当时的市场环境下，亏损以及濒临退市的上市公司，无论其经营环境是如何恶劣，总会想出各种办法来应对退市的风险。而随着这类上市公司再度演绎“乌鸦变凤凰”的故事之后，股价会再一次遭到爆炒，相关受益者也最终获得财富增值的空间。

笔者认为，只要A股的市场环境不变，相应的违规成本无法得到大幅度的提升，那么即使未来注册制全面铺开，也无法降低市场对这类股票的投机行为，最终恐怕也难以真正打破股市“不死鸟”的神话。于是，股市“不死鸟”便成了经久不衰的神话。

4.8 这些上市公司，竟然不把证监会当回事？

“稳定高于一切”，这是管理层对 A 股市场的真实态度。随着一系列维稳工作的有序落地，A 股市场终于走出了探底回升的走势，收复了部分的失地。

显然，与前期高点5 178点相比，当时 A 股市场的指数点位仍然有相当远的距离。但是，对于刚刚重拾投资信心的股票市场来说，能够稳定下来，已经是最大的胜利。下一阶段的目标则是逐步提振市场的投资信心，进而修复市场的投资与融资功能。

回顾过去，当属管理层救市频率最高、力度最大的敏感时期。因为，在 A 股市场经历了持续性非理性暴跌行情之后，市场的投资信心已经降至冰点。与此同时，管理层不得不通过暂缓 IPO 以及再融资审核来助力市场的投资信心修复。

事实上，在 7 月份的救市行动中，无论是央行、证监会乃至多个部委，还是券商、基金等多个机构，抑或是上市公司，以及个人投资者等，都几乎全身投入至维护资本市场稳定的工作之中。

以证监会为例，在此次救市行动中，其维稳政策的出台，也较以往用力更猛、频率更高。

2015 年 7 月 8 日，证监会为鼓励上市公司增持，对多条监管规则做出修改。具体而言，即允许减持过股票的产业资本可以通过证券公司定向资管等方式立即在二级市场增持本公司股票。细分来看，即对于连续 10 个交易日内累计跌幅超过 30% 的，董监高增持本公司股票可以不受窗口期的限制。此外，上市公司大股东持股达到或超过 30%

的，可以不等待 12 个月立即增持 2% 的股份。

7 月 10 日，证监会再度放出猛招，以达到最佳的救市效果，要求所有上市公司制定维护股价稳定的方案，具体举措包括大股东增持、董监高增持、公司回购、员工持股计划、股权激励等。

不过，值得深思的是，在证监会颁布的一系列维稳政策中，其整体的落地情况并不理想。

其中，以“五选一”维稳股价的政策为例，有数据统计显示，政策颁布已有 1 个月的时间，但真正实施方案的上市公司仅有1 146家，而尚未实施维稳股价方案的上市公司却多达1 634家，占比接近六成！

除此之外，部分媒体还曝光一些上市公司存在象征性增持等行为。在证监会的再三要求之下，部分上市公司为了迎合证监会维稳股价的要求，而做出了象征性增持的动作。

其中，有的上市公司随意增持了1 000股，以回应证监会的维稳股价措施。更有甚者，象征性地增持了 100 股或者是 200 股股票，以应付维稳股价的政策。或许，与增持 100 股、200 股的上市公司相比，那些随意增持1 000股的上市公司还算是“有良心”的企业了。

然而，这一系列象征性的应付工作，却引起了我们的深思。

在此次救市行动中，有近六成的上市公司未实施维稳的措施，确实有些离谱。这也充分暴露出部分上市公司只懂得向市场抽血，而在艰难时期，却完全缺乏维护市场稳定性的责任感。

显然，在证监会再三要求维稳股价的大背景下，部分上市公司的态度却仍然如此随意，那么，在平常的日子里，上市公司又如何能够保障中小股民的合法权益呢？

笔者认为，在敏感时期，近六成公司未实施维稳措施，并非因为上市公司对救市行动有心无力，而是因为它们不把股民当回事，不把维稳政策当回事。

显然，要从本质上提升上市公司的责任感，提升管理层政策的落实效率，就得大幅提升中国证券市场的违规成本，塑造良好的市场环境，严厉惩罚那些不把股民当回事、不把证监会政策当回事的上市公司！

4.9 “吃人电梯”制造商还能顺利IPO吗？

2015年，一宗与电梯相关的悲剧引起了社会各界的高度关注。然而，造成这一次悲剧的主要责任者，却是一家刚刚通过证监会发审委审核的电梯制造商申龙电梯。

事情发生在湖北荆州市安良百货公司。根据当时的情景，一名带着幼儿的女子因电梯与楼面连接的迎宾踏板松动，被卷入电梯内。很遗憾，待救援人员将其救出的时候，该女子已经身亡。

鉴于事故的真实原因，在晚间，事故调查组做了报告。在报告中，调查组表示，造成此次悲剧的直接原因是电梯前沿与盖板连接松动，而间接原因，则是安良百货应急处置不当。除此之外，申龙电梯该类型产品设计的不合理性成了此次事故的主要原因。

值得一提的是，自事故发生之后，湖北省质监局发出了紧急通知，要求各地暂停使用申龙公司制造的自动扶梯，并督促电梯使用单位会同制造、维保单位对上述在用电梯进行全面自查，排查情况报当地质监部门备案，待确认隐患消除后方可投入使用。

此外，上海市质监局也发出紧急通知，要求上海暂停使用该公司生产的所有自动扶梯和自动人行道，合计90台。与此同时，广东省质监局也紧急部署风险排查，保障乘用电梯的安全。

事实上早在前几年，“吃人电梯”制造商申龙电梯就频繁发生电梯安全事故。根据部分资料显示，申龙电梯的事故高发时间点集中为2011—2012年。

不过，不是只有申龙电梯存在安全隐患，其实我国电梯行业的质量问题也多次引起了公众的质疑。在前几年进入IPO排队名单的爱登堡，也在IPO排队的过程中，频频出现电梯质量问题。而在整个电梯行业中，电梯事故的发生，也并非罕见之事。但令人困惑的是，事故发生之后，却仍未引起企业及相关方的高度重视，最终从某种程度上导致更大的事故发生。

显然，对于此次悲剧，申龙电梯以及安良百货需要负主要的责任。但是，在这次悲剧发生的背后，实则暴露出我国的电梯质量存在着诸多的隐患，在相关行业的安全问题上，也确实存在或多或少的弊病。因此，对电梯安全质量问题实行严格把关，并进一步强化责任问责，加快电梯安全的立法等，才是管理层工作的重中之重。

那么，经历了此次事故之后，通过证监会发审委审核的申龙电梯，其IPO排队进程还能顺利进行吗？

申龙电梯IPO的计划，实则已被国务院叫停。不过，纵观2015年的数据，我国证券市场的IPO规模还是相当惊人的。

据数据统计，2015年上半年共有193家公司完成IPO，合计募集资金接近1 400亿元。自5月份以后，A股市场的IPO月均发行速度也从原来的1个月核准一批调整为1个月核准两批。这一种“追求数量，却不追求质量”的IPO核准模式，实则引起了市场投资者的质疑。

对于申龙电梯而言，其早就向证监会报送 IPO 申报稿，并通过了证监会发审委的审核。不过，在申龙电梯即将登陆 A 股市场之际，却遭遇到突发性的事故冲击，给它的 IPO 之路增添了不少困难。

实际上，技术调查组的报告显示，申龙电梯已然成为此次事故的主要责任方，而其该类型产品设计的不合理性，也是造成此次事故的主要原因。显然，在很大程度上，申龙电梯责任方有着不可推卸的责任。从另一个角度来看，随着多地先后暂停使用该公司生产的相关产品，将会给该企业的经营状况构成沉重的冲击。

或许，从市场投资者的角度去看，在申龙电梯备受各方质疑的大背景下，此时的证监会并不应该让申龙电梯顺利实现 IPO，干脆直接叫停罢了。

4.10　中国股市能够培育出伟大的企业吗?

过去 10 年，我国经济得到了迅猛的发展。与此同时，中国企业进入世界 500 强的数量也呈现持续增长的态势。其中，部分银行、石油等大型国企成为中国最赚钱的企业，并成功跻身世界 500 强榜单。近年来，随着我国这类大型国企的快速发展，部分企业最终进入了世界 500 强榜单中的前 10 名。

值得一提的是，在 2014 年的《财富》世界 500 强榜单中，中国上榜的企业数量首次突破了两位数，由 2013 年的 95 家增长至 100 家。显然，这一增长速度让世界惊叹。

不过，现实的问题是，虽然我国进入世界 500 强的企业数量大幅度增加，但是对于国内多数老百姓而言，这并没有让他们产生“自豪感”。相反，过去我国相当强调企业，尤其是大型国企的规模式增长，集中了大量的人力、财力以及政策促进这类企业的发展壮大。如此一来，虽然这些大型国企的发展规模得到了持续性的增长，但却逐渐对多数的民企产生了挤压效应。更有甚者，因无法获得平等的竞争环境，而倒逼大量的民企走向衰亡。

中国股市，其建立之初被定位于为国企服务，同时也为大量国企解决了融资上的难题。这么多年来，中国股市为多数国企的发展做出了巨大的贡献。

在我国经济转型的大背景下，中国股市又被赋予了新的使命。其中，为中小企业解决融资难题，大幅提升股市的直接融资功能，成为新时期下中国股市的新任务。

过去，不少企业本想借助国内股市满足融资上的需求。但遗憾的是，国内股市的准入门槛很高，准入标准相当严格，让不少企业知难而退。退一步来说，即使企业符合了发行的要求，但因排队企业过多，最终要实现发行上市可能也要等待数年的时间。更多时候，企业终于进入了关键的审核环节，却因当时的盈利状况发生了变化，不符合发行的要求，而不得不进行重新申请。企业要想成功发行上市，不知道要等待多少年的时间。

此外，对于部分拥有特殊股权结构的企业来说，其 VIE 结构并不符合 A 股市场的发行上市要求。无奈之下，企业只好远赴海外市场进行融资。多年之后，赴海外发行上市的企业逐渐具备了一定的规模，过去并不起眼的企业，也发展成为颇具影响力的知名企业。

显然，面对这一现象，管理层也逐渐改变了以往的思路，并试图鼓励这类优秀企业回归 A 股市场。与此同时，还逐步加快 A 股市场的注册制改革，拟大幅降低市场的准入门槛，让企业发行上市的时间尽量缩短，满足其到 A 股市场融资的需求。

这一年，我们确实也看到管理层做出了不少政策上的重大尝试。

其中，新政策拟推动特殊股权结构类创业企业到境内上市。与此同时，在一段时间，工信部也明确强调了电商类的中概股可不拆 VIE，直接回归 A 股市场。

除此之外，随着转板机制的成熟、战略新兴产业板的加速推出等，也释放出管理层试图大幅提升 A 股市场直接融资功能的意图。

我们可以预期，随着 A 股市场的准入门槛逐渐降低，市场中企业的上市数量也将会明显地提升。对此，A 股市场的直接融资功能有望大幅度攀升，而 A 股市场的总市值水平也有望创造全球纪录。但是，这种追求规模式发展的方式，真能够培育出伟大的企业吗？

笔者认为，对于当时的 A 股市场而言，允许企业规模式发行上市，大幅度提升股市的直接融资占比，是一种大胆的尝试，随着这类企业的融资需求得到满足，也能够从一定程度上缓解以银行贷款为主导的社会融资压力。

或许，拟借助降低市场准入门槛，扩大市场的直接融资功能，以后能够打造出 1 ~2 家伟大的企业，也就算得上成功之举了。

不过，笔者担忧的是，到 A 股发行上市的企业，其目的或许并不局限于直接融资，而后再为企业服务与发展。其实，纵观 A 股市场的历史，“不诚信的企业”占据了不小的比例。

盛产“不诚信的企业”，当属 A 股市场的真实写照。不过，也可认为，正因为 A 股市场独特的市场环境，才导致上市企业容易“学坏”。

具体来看，A股市场中上市企业的不诚信行为，一方面缘于企业家或高管的“好高骛远”，或者是“套现心切”；另一方面则缘于市场极低的违规成本，以及长期得不到完善的政策与法律体系。其中，万福生科虚增收入7.4亿元、南纺股份连续5年虚构3.44亿元利润等违规造假事件，也是近年来A股市场中的经典案例。

不可否认，面对极具诱惑力的上市暴利，不少企业家感到心动。正因为这种轻易造富现象的长期存在，才导致不少企业家及中介机构铤而走险，力求让企业成功发行上市。待目的达到后，又将会是一场利益分配的盛宴。

显然，在这个全球最大的“造富工厂”中，确实能够培育出规模足够庞大的企业，同时也会让企业家们享受到财富暴涨的乐趣。但是，当喂饱了这些利益者后，他们还会否存在那份做大做强企业的激情，确实不好说。

笔者认为，在巨大的财富诱惑以及低廉的违规成本环境下，企业家们力图让自己的企业发行上市必然是一种大趋势。但是，待利益者捞够了利益之后，恐将无心再做大做强自己的企业，而巨大的股价泡沫也只会交给中小投资者来“接盘”了。

第5章 抄底技巧

5.1 破净股大幅增加，是否预示底部将至？

一般而言，破净即指股票的每股市场价格低于它的每股净资产价格。在实际中，市场投资者习惯把这类股票称为“破净股”。

实际上，自 2015 年 6 月 15 日以来，A 股市场就出现了连续多轮的暴跌行情。在第一轮暴跌行情中，市场累计最大跌幅超过 35%，而这一轮暴跌行情，也严重威胁到场外配资等高杠杆资金的存活。至于第二轮暴跌行情，其间市场累计最大跌幅也高达 28%，且此轮暴跌行情逐步引发券商两融以及部分上市公司股权质押等平仓风险。

进入 9 月份，A 股市场的表现也不是很好。就在临近 2 个交易日内，A 股市场再度开启了新一轮的非理性下跌行情。纵观临近 2 个交易日的市场数据，虽然市场指数下跌幅度不足 10%，但普遍个股的跌幅却达到了 20% 以上。与此同时，随着市场持续性的非理性杀跌，破净股的数量也出现了大幅增加的态势。

当时，沪深两市共有 50 只破净股，较之前几个交易日明显增多了，其中包括鞍钢股份、南山铝业、新钢股份等股票。此外，在当时的市场环境下，动态市盈率低于 10 倍的股票数量也继续呈现大幅增加的态势。由此可见，在疲软的市场环境下，市场的杀跌动能是相当惊人的。

不过，按照以往的规律，当市场破净股数量出现大幅增加之际，往往预示着市场的底部也将会很快来临。在当时的市场环境下，这一规律能否得到印证呢？

不可否认，破净股数量大增，是市场底部的一个重要特征。但是，回顾以往几次的重要性底部所对应的市场数据，破净股数量却有着下列变化特征。

在 2008 年，即市场运行至1 664点附近的区域时，当时市场破净股的数量多达 214 只。再以这一次的重要底部所对应的市场数据为例，即在 2013 年 6 月底的时候，当时市场的破净股数量也达到了 161 只。

显然，与此前的破净股数量相比，当时 A 股市场只有 50 只破净股，仍然存在一定的距离。或许，只有当破净股数量超过 100 只时，市场底部的信号才会更为显著。

与此同时，值得一提的是，与之前几次重要底部所对应的市场环境相比，当时 A 股市场的环境也发生了明显的变化。

其中，经历了前期轰轰烈烈的杠杆牛市之后，市场面临着前所未有的“去杠杆化”压力。而在市场“去杠杆化”力度过猛的前提下，逐步引发了券商两融以及上市公司股权质押的平仓风险。如此一来，也直接加大了市场补缴保证金的压力。退一步来说，若上市公司以及相关投资者无法及时补缴保证金，将会引发真正的平仓风险，届时对这些利益者而言，其冲击力也是致命的。

除此之外，随着市场各项新规的出台，未来市场的“玩法”也或将有所改变，届时又将会给市场构成新一轮的影响。

其中，以备受关注的熔断机制为例，按照相关规则，未来或将采取分档确定指数熔断的时间。换言之，当市场触发5%的熔断阈值时，市场将会暂停交易30分钟；而在当天14:30以及之后的交易时间内，若市场触发5%的熔断阈值，以及在全天任何时间段内触发7%的熔断阈值，市场将会暂停交易直至收市。

中国式熔断机制的推出，实则改变了市场传统的“玩法”。

需要注意的是，在市场非理性下跌的过程中，若市场继续沿用原来的交易制度，即维持涨跌停板制度以及“T+1”交易制度不变，则熔断机制的推出，或将会被空头资金大肆利用。可以预期，市场下跌动能无法得到快速释放，实则也会降低空头砸盘的交易成本，甚至还会延长市场见底的时间。至于普通散户，也会因交易制度的不对称性，而不断扩大自身持股的风险。

因此，笔者认为，在当时市场不确定性因素较多的环境下，即使破净股数量已经大幅度增加，也并不意味着市场马上就会迎来重要性的拐点。

对于中长线的资金而言，当时市场中部分的低估值品种已基本符合它们的投资需求，而此时此刻，它们也可以采取逐步布局的策略。但是，除了那些投资品种之外，对于当时市场中仍然存在严重高估值风险的股票而言，其价值回归之路仍未走完。或许，对于这类前期遭遇爆炒的高估值股票来说，它们才开始步入漫漫“熊途”。

5.2 清理配资过急演变为暴跌导火索?

“成也杠杆，败也杠杆”当属杠杆市场的真实写照。在杠杆市场中，不仅可以把市场资金的利用率大幅提升，还具备了助涨助跌的功能。在牛市行情下，杠杆资金能够把股价推上去。但在“牛转熊”的行情之下，杠杆资金同样也会加速股价的下跌。

实际上，回顾2015年6月之后3个月的时间，A股市场也经历了两轮单边暴跌的行情。

第一轮暴跌行情发生在2015年6月中旬至7月初，其间市场累计最大跌幅超过35%，个股普遍出现“腰斩”的局面。第二轮暴跌行情则发生在2015年8月中下旬，其间市场亦大幅下挫了28%，而普遍股票的杀跌动能却再度加大。

其实，在这两轮暴跌行情之后，A股市场的累计下跌幅度已经达到了45%，而市场指数也从5 178点迅速回落至2 850点的位置。但是，从整体上分析，这几个月的市场表现，却基本符合这样的特征，即股市下跌速度过快，而股市的市值缩水速度也相当惊人。

或许，我们还不能够准确揪出真正的幕后黑手。但是，纵观这几个月的下跌行情，实则也与一个因素脱不开关系，那就是股市加速“去杠杆化”。

笔者认为，A股市场的第一轮暴跌行情，其主因大概是市场严查严打场外配资，并由此开启了市场加速“去杠杆化”的进程。

而第二轮的暴跌行情，却受到多重因素的综合影响。但从主因分析，一方面是外围市场环境的逐渐恶化，加剧了A股市场的外部压力；另一方面则是市场继续推进“去杠杆化”，其间场内融资以及场外配资规模大幅度下降，市场整体的杠杆率水平也显著降低。

“用力过猛，用时过快”当属前期市场“去杠杆化”的真实写照。与之相比，纵观国外成熟市场的“去杠杆化”过程，却需要耗用数年的时间才能够完成。对于本已疲软的A股市场而言，股市“去杠杆化”用力过猛、用时过短的做法，在很大程度上加剧了市场的下行压力，并对市场的投资信心产生沉重的冲击。

虽然A股市场的整体杠杆率水平已经大幅度地降低，但是这并未减少市场“去杠杆化”的力度。

事实上，在这2周时间内，市场也正式实施场外配资“监管升级”的举措，针对配资业务的清理整顿逐步向存量配资倾斜，清理期限则是根据存量配资规模进行制定。

当时，A股市场基本完成了存量配资在10亿元以下规模的券商的清理工作，在此之后是对存量配资规模在10亿~50亿元之间的券商展开清理的工作，并在8月18日前完成。而在8月底内，A股市场需对场外配资存量规模在150亿元以下的券商展开清理的工作。

显然，存量配资的加速清理，实则也预示着A股市场的“去杠杆化”进程已接近尾声。但不可否认的是，当这一系列“去杠杆化”举措逐渐完成之后，A股市场的活力也将会大打折扣，而未来潜在的新增流动性涌入预期也将会大幅缩水。

笔者认为，加快股市“去杠杆化”节奏，逐渐降低杠杆资金对市场的撬动影响，本来利于市场的长远性健康发展。但是，在疲软的市场环境下，持续加大市场的“去杠杆化”力度，则会给A股市场的投资信心构成沉重的冲击。

显然，投资信心下降还不是最可怕的事情。笔者认为，在当时的市场环境下，最可怕的事情，莫过于可能会引发市场的多米诺骨牌效应。退一步来说，若市场继续非理性下跌，并有效跌破前期低点，则届时或将逐步引发上市公司股权质押风险的集中爆发，以及券商两融的大规模平仓风险。

因此，当时市场的首要任务，还是要保证自身的稳定性。但是在市场维稳的同时，市场的“去杠杆化”过程也不要用力过猛、用时过短。若“去杠杆化”节奏过快，恐将会加剧市场的波动风险，乃至影响到我国金融市场的系统性安全。

5.3 A股进入中长线布局的时机

A股市场的政策消息密集，令人眼花缭乱。其中包括中金所系列新规的颁布、熔断机制的引入以及红利税的调整等。与此同时，在管理层力挺A股的大背景下，实则也进一步巩固了当时A股市场的“政策底”支撑。

纵观诸多的政策性消息，其中，备受市场关注的，莫过于红利税政策的再度调整。对此，亦有数据与之前两次的政策调整做出了对比。

纵观最近10年，我国进行了多次的红利税调整。

第一次是在2005年6月13日。鉴于当时市场环境的持续疲软，管理层决定将投资者从上市公司分红所得应缴红利税进行减半征收，实际征收税率为10%。

回顾当时的市场走势，在政策颁布前后，市场一直处于低位震荡的格局。但是，当时市场基本处于严重低估的区域。经过了数月的低位震荡行情后，中国股市正式拉开了大牛市的序幕，一轮轰轰烈烈的大牛市行情随之产生。

第二次是在2012年11月16日。此次红利税政策的颁布，实则是为了提振市场投资信心，以及鼓励市场深化长期价值投资理念。在当时政策颁布的前后，市场并未立即走出上涨的行情，而是延续之前低位震荡的格局。从整体上分析，当时的市场基本处于低估的状态。而在短暂的调整之后，市场同样走出了一波不错的上涨行情，阶段性涨幅高达25%。

2015年9月7日晚间，是最近10年红利税的第三次调整。实际上，鉴于此次红利税调整的时点，市场同样属于低估的状态。究其原因，主要体现在以下几大方面。

第一，经历前期轰轰烈烈的“去杠杆化”进程之后，当时A股的“去杠杆化”进程已进入尾声。

以场内融资规模为例，在2015年6月中旬，A股两融余额规模高达2.27万亿元，而经历了此次加速“去杠杆化”过程之后，A股两融余额规模已大幅降低至2014年12月中下旬的水平。与此同时，前期野蛮生长的场外配资也已得到大幅清理。整体上分析，当时A股市场的杠杆率已经降低了不少。

第二，当时A股的整体估值已经大幅回落。

经历3个月的大幅下跌行情之后，不少股票的价格水平已经出现“腰斩”的局面，而部分股票的价格基本创出新低。与2015年6月中旬的数据相比，当时A股的整体估值水平已经骤然下降，并基本回归至合理价值投资区间。

此外，“破净股”数量剧增，动态市盈率低于10倍的股票数量明显增加。

截至9月11日收盘，A股合计有23只跌破每股净资产的股票。与此同时，两市动态市盈率低于10倍的股票数量，也多达63只。

纵观历史数据，当市场破净股数量明显增加以及动态市盈率低于10倍的股票数量大幅增加时，表示市场处于相对低估的状态，此时也基本符合中长线资金的布局需求。

通过这几次数据的对比，红利税政策的调整，确实也在某种程度上释放出一种信号，而这种信号也似乎预示着中长线资金已经到了该布局的时候了。

笔者认为，随着红利税的再度调整，以及在未来A股市场机构投资者占比逐步提升的大预期下，对于市场中部分具有价值投资优势的标的而言，确实值得部分中长线资金去逢低布局，以满足它们在投资上保值增值的需求。

纵观A股市场中的多数股票，虽然当时价格已经出现了“腰斩”的局面，但在这些股票之中，仍有不少股票处于严重高估的状态。显然，在前期股价遭遇爆炒而严重透支未来公司盈利预期的状态之下，这类曾经辉煌的股票，逐渐步入了漫漫“熊途”。

整体上分析，对于不太注重中短期市场波动风险的资金而言，2 800 ~ 3 000点一带区域基本属于合理的价值投资区域，而部分颇具价值投资优势的标的亦可满足这类资金的投资需求。不过，对于以资金推动为主导的A股市场而言，在几轮“去杠杆化”过程之后，市场的新增流动性涌入预期仍然令人担忧，即使市场确立了政策性的底部，也并不意味着市场在中短期内还会上演前期单边上涨的强势行情。

5.4 存量配资加速清理，对股市影响如何？

经历了近几轮的“去杠杆化”过程之后，A股市场的整体杠杆率

也大幅度地降低。

不过，场内融资以及场外配资业务规模的双双滑落，并没有减少监管层严查严打场外配资的监管力度。值得一提的是，监管层也再度对场外配资采取了监管升级的举措。其中，监管层针对配资业务的清理整顿逐步向存量配资倾斜，而清理期限则是根据存量配资规模进行制定。

按照当时的做法，存量配资清理大概分为四个阶段。

第一阶段，即对存量配资在10亿元以下的券商，要求其在2015年9月11日前完成清理的工作。显然，对于这类券商而言，因规模相对较小，其清理的时间也会有所加快。

第二阶段，即对存量配资在10亿~50亿元之间的券商，要求其在9月18日之前完成清理。

第三阶段，即对存量配资在51亿~150亿元之间的券商，要求其在9月底前完成清理整顿的任务。

第四阶段，则是对存量配资规模较大的券商，要求其在10月底前完成清理。

当时属于存量配资清理的第一阶段，同时也开启了存量配资的清理进程。自9月11日起，存量配资开始进入加速清理的关键时点。

“成也杠杆，败也杠杆”当属当时A股市场的真实写照。然而，场内融资、场外配资乃至场外配资的存量配资得以大幅清理之后，又将会对A股市场构成什么样的影响呢？

根据数据统计，当时，场内融资规模已经降至万亿元以下的水平，而就在2015年的6月中上旬，A股市场的场内融资规模却高达近2.3万亿元的水平。换言之，时隔不到3个月的时间，A股市场的场内融资规模已经缩水过半。

在场内融资规模大幅缩水之际，场外配资的缩水力度则更为显著。其中，恒生电子等以 HOMS 系统为场外配资提供服务的机构，就遭遇到前所未有的冲击，而巨额的罚款也让这些公司的业绩承受巨压。

此外，在监管层严查严打场外配资的同时，原本约有 2 万亿元潜在规模的场外配资业务遭遇到瞬间的摧毁。其间，不少参与配资业务的公司被迫纷纷转型，而深陷其中的配资公司，则遭遇破产的危机。

至于场外配资的存量配资业务，当时有两三千亿元的潜在规模。但是，经过了此轮监管层的监管升级行动之后，场外配资的存量配资业务也必然遭到沉重的冲击。

由此可见，在杠杆资金撬动股市的影响力骤然下降的大背景下，未来 A 股市场的新增流动性涌入预期确实让人忧虑。

虽然险资投资权益类资产的占比已经明显提升，且养老金入市步伐已经骤然加速，但是其真正入市的规模却并不如人意。在当时疲软的市场环境下，投资者的入市热情并不强烈，为市场提供的新增流动性也相对有限。因此，对于未来市场的新增流动性，或许还不能过于乐观。

不可否认，经过了这几轮“去杠杆化”过程之后，市场的系统性风险已经大幅降低，且维护住了金融市场的系统稳定性。但是，在杠杆资金撬动影响大幅趋弱的环境下，实则也意味着未来 A 股市场的反弹行情，也基本上会以存量资金为主导。显然，在以存量资金为主导的市场行情下，其反弹高度也会相对有限。

5.5 证监会做出重要表态，暗示了什么？

A股市场的整体波动幅度略有缩小，但市场的投资信心依然未得到实质性的提振。

A股市场遭遇诸多利空消息的袭击，其中，备受关注的，莫过于人民币的持续贬值。

一般而言，新兴市场的本币贬值，多会给股票市场构成一定的压力。然而，在诸多压力的影响之下，A股市场非但没有出现大幅下跌的走势，反而出现了震荡走高的行情，市场距离4 000点整数关口也仅有一步之遥。

究其原因，实则更大程度上在于国家队资金的强力救助，而此时市场对人民币贬值的冲击压力也骤然降低。

然而，证监会在例行发布会上做出的重要表态，却引起了市场的忧虑。

证监会强调："今后若干年，中国证券金融股份有限公司不会退出，其稳定市场的职能不变，但一般不入市操作，当市场剧烈异常波动、可能引发系统性风险时，仍将继续以多种形式发挥维稳作用。"

与此同时，8月16日晚间亦有一则消息强调："今日证金公司通过协议转让方式向汇金公司转让了部分股票，由其长期持有。"

对此，如何解读这一系列的重磅消息，才是当时投资者最为关心的问题。

实际上，证监会具体的言语表态中，主要强调了几个关键词。

其中，"若干年""不会退出"起到了稳定市场信心的作用，同时也意味着之前买入并持有的股票并没有退出的要求，而是通过协议转让的方式向汇金公司转让了部分股票，由其长期持有，这也给市场传递了国家队持续维稳的积极信号。

证监会还强调了“一般不入市操作”，这需要结合“当市场剧烈异常波动、可能引发系统性风险时，仍将继续以多种形式发挥维稳作用”进行解读。

具体而言，即在未来的行情中，以证金公司为首的国家队资金不会持续买入股票来提振市场，更可能把主动权直接交还给市场，让市场说了算。但是，当遇到市场异常波动的状况，并可能引发系统性风险时，证金公司还是会出来维稳兜底的。

不过，如何衡量市场异常波动，却又是一个令人困惑的问题。

退一步来说，一旦市场并未出现上文所讲的“异常波动”走势，而是出现阴跌式的下跌走势，届时又会否引发证金公司的救助行动呢？这确实给了投资者诸多的思考。

从 8 月 16 日晚间证监会的表态中，我们似乎已经感受到当时的 A 股正处于逐步平稳的状态，而国家队逐步把主动权交还给市场，也是预期之内的事情。

对于 A 股市场而言，未来的走向仍然取决于几大因素。

其一，杠杆资金对市场的撬动影响。

所谓“成也杠杆，败也杠杆”。虽然证监会已加快“去杠杆化”的节奏，但是杠杆资金对市场的撬动影响依然存在。不可否认的是，杠杆资金对 A 股市场的撬动影响已经逐步趋弱了。显然，在场外配资遭遇重创的背景下，场内融资规模的回暖程度对市场的影响会更为深刻。

其二，新增流动性涌入预期。

除了杠杆资金的撬动影响之外，养老金入市、基金互认以及社保基金入市等因素，也会给A股市场的新增流动性带来较大的影响。不过，从当时新增流动性的涌入预期来看，其预期并没有像几个月之前那样强烈，由此也降低了新增流动性对市场的刺激影响。

其三，激活存量资金的手段。

在新增流动性涌入预期并不强烈的背景下，市场的走向更多是依赖存量资金来维系。然而，对于存量资金而言，其能否有效激活，时刻影响到未来市场的反弹高度。具体手段包括实施部分标的的“T+0”等。

笔者认为，国家队逐步把主动权交还给市场，暗示着A股市场或已得到阶段性修复。然而，在市场重夺主动权之后，投资者仍然不能过分乐观。因为，在市场新增流动性涌入预期并不强烈的大环境下，中短期的A股市场或难有大作为。

5.6 股民不要被人民币贬值吓破了胆!

“8·11”汇改引起人民币迅速贬值，在汇率外贸市场造成重大影响的同时，也带来了股市的调整。人民币贬值的问题备受社会各界的高度关注。其中，人民币兑美元汇率中间价报6.4010，较前一交易日中间价下降704个基点。换言之，经历了短短3个交易日，人民币兑美元的中间价就贬值了4.66%。

人民币的突然贬值，确实引起了全球投资者的高度关注。而国内股市，也同样受到了人民币贬值的影响，出现了剧烈震荡的走势。但是，让人感到困惑的是，A 股市场并未受人民币持续贬值的冲击而出现大幅下行的走势，市场整体的运行重心却被逐步抬高。

实际上，人民币的大幅波动，缘于一纸公告的影响。在 8 月 11 日，央行发布公告称，为增强人民币兑美元汇率中间价的市场化程度和基准性，央行决定完善人民币兑美元汇率中间价报价。

从本质上看，央行这一举动，改善了汇率中间价的形成机制，以适应汇率市场化改革的进程。

最令市场担忧的，莫过于国内经济下行的预期以及未来美联储的加息预期。或许，面对这一系列的风险，央行也不能坐以待毙。而此次央行的突然举动，也出乎全球大多数投资者的意料。

显然，人民币的大幅波动，会给全球市场带来显著的影响。但是，此次央行的举动，可以认为是一次主动性的出击，也可以认为是其防患于未然的重要举措，以便在美联储加息之前尽可能压缩人民币的贬值风险。此外，央行还借助人民币的适度贬值，来扭转过去我国出口的弱势，以达到稳增长的目的。

对于股民而言，他们最关心的，莫过于人民币的大幅波动会给股市带来什么样的影响。

事实上，纵观全球多数新兴的市场，它们每一轮的本币贬值，都会伴随着资本的流出以及股市的剧烈波动。显然，对本币升贬值有着敏感反应的股票市场，它的走势也直接牵动着亿万股民的神经。

一般而言，人民币贬值会在一定程度上利空于股票市场。在其贬值的过程中，对股市冲击最大的，莫过于资金的外流以及其对股民投资信心的打击。

就当时而言，A 股市场刚从单边暴跌的行情中逐步喘过气来，而市场的人气也处于逐步恢复的状态。由此可见，经历了前期股市的大幅暴跌，A 股市场的投资信心几乎降至冰点。

虽然股市的运行重心略有回稳，但是 A 股市场的神经依旧是相当脆弱的。换言之，任何风吹草动，都足以让股市受到较大的冲击。

令股民们感到意外的是，在人民币持续贬值的大环境下，A 股市场的表现却相对坚挺，由此也引发了市场的高度重视。

笔者认为，当时神经脆弱的 A 股市场，在人民币持续贬值的大环境下却维持坚挺的局面，很大程度上受益于国家队的强力救助。显然，在股市投资与融资功能仍未获得有效修复的前提下，国家队也不会轻易地撤退。

除此之外，此次人民币的持续贬值，或许会让市场产生一定的忧虑。但是，就此次央行的举动来看，人民币的持续贬值其实也没有想象中那么可怕。因为，在管理层可控的范围之内，人民币做出了适度贬值的举动，实则有利于抵御后期美联储加息所带来的冲击。

与此同时，经历了此次人民币的贬值之后，央行也表示，累积的贬值压力已得到一次性的释放，而偏差校正也基本完成。如此一来，也给市场吃了一颗定心丸。

不可否认，此时此刻，市场的神经是脆弱的，而股民的心态也是相当谨慎的。但即使如此，股民也不要因为人民币的贬值而吓破了胆。

显然，按照当时的市场环境来看，只要市场的投资与融资功能仍未得到有效的修复，则国家队的救市动作就不会轻易停止。但是，从当时市场的走向分析，多空双方依旧围绕着牛熊分界线附近区域展开激烈的争抢。换言之，牛熊分界线的得失，也将直接决定着未来 A 股市场的最终走向。

5.7 A股反弹高度取决于新增流动性涌入预期

“稳”是这一段时期A股走势的真实写照。实际上，经历多方的全力救助之后，A股市场逐渐从底部走了出来，市场的投资信心也得到了一定程度的提振。A股市场已经从调整以来的最低点开始反弹并超过了20%的空间，市场距离4 000点整数关口也仅有一步之遥。

然而，对于未来的A股走向，市场却没有表现出以往的乐观态度。或许，未来A股市场要想再度复制之前单边大幅上涨行情的概率相对较低。究竟原因，还是在于杠杆资金对市场的撬动影响在逐步降低，而未来市场的新增流动性涌入预期也将会大打折扣。

事实上，过去大约1年的牛市行情，是建立在高杠杆工具逐步激活的市场环境之上。或许我们可以认为，这就是一个杠杆牛市。

显然，对于杠杆牛市而言，基本离不开“成也杠杆，败也杠杆”的定律。换一种角度思考，一旦杠杆对市场的撬动影响持续减退，则意味着股市的上涨动力将会大打折扣。

其实，在这几个月的时间内，A股市场已进入加速“去杠杆化”的过程。据不完全数据统计，在2015年6月股市大跌之前，A股市场的场外配资以及场内融资的总规模已经高达4万亿元以上，而备受市场关注的券商两融，其最大规模也一度逼近2.3万亿元的关口。

但是，经历了这一段加速“去杠杆化”的敏感期后，实则也大大降低了杠杆资金对市场的撬动影响。

以券商两融为例，在股市大幅下跌之前，其最大规模高达近2.3

万亿元的水平。然而，时隔 1 个月的时间，其规模却迅速缩减至最低近 1. 29 万亿元的水平。换言之，在短短 1 个月的时间内，两融余额的降幅就高达近 1 万亿元!

虽然市场的做多热情略有回暖，但两融余额的增速依然显得相对缓慢。截至 8 月 11 日收盘，券商两融余额规模也仅有 1. 35 万亿元的水平。

至于场外配资，其受到的冲击更大。显然，对场外配资的加速清理行动，实则也给开展配资业务的民间配资渠道以及部分 P2P 平台构成了本质性的冲击。

但是，换一种角度思考，随着场外配资业务的规范性发展，未来将会加快倒逼民间配资渠道的转型步伐，同时，也将会加快让这些 P2P 平台回归原有的核心业务。如此一来，市场加速“去杠杆化”实则也逐步给市场创造出规范、健康的良好环境。

或许，“去杠杆化”仍然是未来一段时期的主要任务。而此举的深入推进，实则也为未来的 A 股创造出更有利的市场环境。但不可否认的是，A 股市场加速“去杠杆化”或将在一定程度上影响到市场新增流动性的涌入预期，进而影响市场投资信心的迅速回暖。

笔者认为，对于未来的 A 股行情，实则要看新增流动性的涌入预期。换言之，对于一个以资金推动为主导的市场而言，资金才是推高市场指数的根本动力。

虽然 A 股行情已有逐步企稳的迹象，但是其反弹根基仍未牢固。由此可见，杠杆资金撬动市场的影响力逐步趋弱，结合市场缺乏新增流动性涌入的预期，实则也制约了未来 A 股市场的反弹高度。

5.8 外资机构为何能够精准逃顶抄底？

2015 年 6 月，A 股市场的暴涨暴跌确实引起了全球投资者的高度关注。显然，作为一个总市值超过 50 万亿元的庞大市场，其一举一动也会对全球股市构成或多或少的影响。

据数据统计，当时在 1 个月时间内，A 股市场累计最大跌幅超过了 35%。与此同时，对于创业板市场而言，其累计最大跌幅更大，跌幅超过 50% 的股票比比皆是。不过，随着 A 股市场的大幅暴跌，其对应的估值压力也骤然下降。由此看来，这一次的暴跌行情，实则给 A 股市场挤掉了不少的“水分”。

股市，从来离不开“七亏二平一盈”的定律。对此，不少股民感慨，即使过去一年他们已经获取了超过数倍的利润，但因贪念的存在，最终也不得不把大部分的利润归还给市场，而一部分胆量更大、善于借助高杠杆工具来扩大自身资金杠杆的股民早已把利润全部归还给市场，更有甚者，把本金也亏掉了。

然而，在市场普遍亏损的大环境下，却总有一些机构能够逃过一劫。显然，在 A 股暴跌行情中，不少外资机构可以算得上是“成功逃顶者”。

事实上，在 2015 年 6 月初，不少外资机构就已纷纷唱空 A 股市场，其中包括摩根士丹利、法国巴黎银行等知名机构。

此外，从资金流向分析，在 6 月初至 6 月 15 日前后的时间内，大量的资金也纷纷撤离新兴市场。据数据统计，在 6 月 10 日前的 1 周时间内，约有 71 亿美元资金流出了跟踪中国股市的基金。而在 6

月17日前的1周时间内，追踪中国股票的基金继续呈现出加速流出的态势。换言之，在短短2周时间内，资金逃离的规模接近百亿美元。

不过，值得注意的是，外资机构在前期大肆唱空A股市场之后，却突然转变原来的态度，并逐渐看多A股市场。

高盛表示，A股还没到泡沫的程度，仍有增长的空间，未来一年沪深300指数将反弹27%。与此同时，汇丰银行也于同日表示，将上证综指2015年年底目标上调至4 000点，沪深300指数2015年年底目标上调至4 200点等。

从资金面的流向分析，经历了6月份的大幅度流出之后，外资总计投入资金高达179亿美元，并先后买入了中国ETF。由此可见，外资对A股市场的投资信心也发生了突然性的转向。

此外，从市场公开信息中可以看到，不少中国上市公司高管也开始纷纷做出了不断增持自家股票的行动。

因此，在各方因素力推之下，A股市场开始了快速反弹行情。以上证指数为例，其自3 373点低点上涨以来，累计上涨空间已经接近700点，涨幅接近20%。至于部分超跌的中小市值股票，则出现了连续涨停的走势，其间最大涨幅已经高达40%以上。

显然，此次外资机构精准逃顶抄底的行动，确实引起了市场的高度关注。不过，纵观历史，外资机构精准逃顶抄底的现象并不罕见。

其中，市场曾因高盛的精准行动而广泛热议，同时，高盛的行为也引起了各方的质疑。

具体来看，2010年11月12日，A股市场出现了单日暴跌162点的杀跌行情。而在此之前，高盛发给客户一份内部报告，认为中国连续不断的货币调控措施可能意味着加息很快到来，高盛建议客户卖出手上全部获利的中国股票。

但是，令人感到困惑的是，就在高盛建议客户卖出中国股票之前，高盛等外资机构曾高调唱多A股。因此，高盛等外资机构的突然变脸，不得不引起市场的质疑。

时隔近5年的时间，当时A股市场正处于牛熊分界线的敏感位置，而此时外资机构的再一次精准逃顶抄底，也给市场带来了无限的猜想。对此，笔者认为，外资机构精准逃顶抄底的背后原因，值得我们去深入思考。

第一，对于此次外资机构对A股市场的态度转向，我们必须承认一个事实，即前期A股市场的估值确实太高了。

据数据统计，在5 000点附近的区间，A股市场的平均股价高达14元以上，而当时A股较H股的溢价率也高达35%以上。显然，就当时的市场而言，值得投资的品种已经相当稀少了。

不过，经历了这一轮的股市暴跌之后，A股市场的估值压力确实大幅度下降。不少股票的估值也重新回到了2 000点附近的水平。此时此刻，嗅觉灵敏的外资不会轻易放过这个难得的抄底机会。

第二，外资机构的精准逃顶抄底行为是否存在阴谋论。

或许，对于当时尚未大规模开放的中国市场而言，外资机构的资金尚不能轻易撬动A股市场数十万亿元的规模。但是，纵观历史，国外投行“唱多做空”或者是“唱空做多”的事件还是经常上演的。

除此之外，这类“狡猾”的外资机构特别善于捕捉中国股民的“心态”，或借助一些传闻消息来撬动市场资金的运作动向，从而间接影响A股市场的走势。

其中有一点是不可忽视的。回顾过去多年，每逢中国有重大政策出台或调整的时候，这类外资机构总能够精准揣摩，或者提前做好相应的布局。

不可否认的是，外资机构掌握的消息渠道确实很广，渠道优势确实很强，这一点远胜国内普遍的媒体与机构。与此同时，外资机构拥有多年成功的研判经验，且凭借其灵敏的嗅觉，也能够提前做好政策的预判，并做好相应的布局。

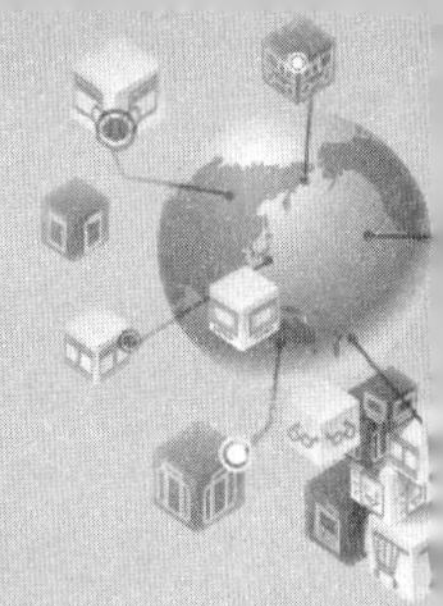

第6章 逃顶技巧

6.1 疯狂的股市造富效应，背后隐藏着怎样的危机？

中国式造富速度之快，确实让人震惊。然而，让人失望的是，随着社会经济的迅速崛起，不少致富者依赖国内特殊的造富机制来改变命运，而真正依靠双手勤劳致富的人却少之又少。

实际上，纵观过去10年，中国产生了诸多的暴富神话，其间也出现了不少的暴利行业。纵观这些暴富机会，最为典型的，莫过于以下这几种。

其一，依靠医疗暴利谋求暴富。

事实上，一直以来，“看病难”“看病贵”当属中国老百姓最为常见的烦恼。而在实际中，“以药养医”现象的频繁出现，却直接推高了老百姓的看病成本。与此同时，随着先进的医疗器械普及，市场又产生另一个具有高利润的牟利渠道。因此，从“以药养医”的单独出现，到“以药养医”及“以械养医”的同时出现，实则强化了医疗行业的暴利空间，不少利益者最终也实现了暴富。

其二，依靠教育垄断谋求暴富。

教育，尤其是中小学的教育，本来属于公益性的事业。然而，在过去多年，教育行业却逐渐演变为中国十大暴利行业之一。实际上，在具体操作中，不少利益者借助教育垄断大肆敛财，最终实现了暴富的目的。

其三，依靠殡葬业的暴利空间谋求暴富。

事实上，自2003年以来，殡葬业已经多次出现在“中国十大暴利行业”的榜单之中。具体来看，一边是殡葬业收费名单繁多，不少垄断机构特意坐地起价；另一边却是整个行业处于“三无”状态，且开发运作成本极低，因此为其牟取暴利创造了极大的空间。

其四，借助房地产业谋求暴富。

过去10年，当属中国房地产行业发展的“黄金10年”。然而，在这一黄金发展期内，却主要造就了两大群体的暴富机会：一个是专业炒房客，另一个是因拆迁而实现一夜暴富的群体。

针对前者，有部分群体借助特殊的关系，提前做好布局，而后大举“囤房”，待房价大幅拉升之后，其身家便轻松实现暴涨。其间还涌现出一批备受社会热议的群体，如“房叔”“房姐”等。但是，在专业炒房客身家暴涨的背后，实则反映出社会贫富差距已经越拉越大。

针对后者，要做好划分。因为对于拆迁户而言，也有不少弱势者因被强制拆迁而遭受利益的损害。

不过，随着近年来因拆迁暴富的神话越来越多，不少被拆迁户也借助各项优势，获取了巨大的补偿。更有甚者，为了让自己获得的补偿更多，故意采取违规建设等举措，由此也引发了诸多的违建乱象。

至于其五，也就是我们熟知的股市造富效应了。

实际上，纵观中国股市20多年的历史，基本离不开“七亏二平一盈”的定律。然而，总有一些群体能够“包赚不亏”，甚至是盈利数倍乃至数十倍以上。

谈到这里，我们不得不提到一些群体，即上市公司的实际控制人以及原始股股东。

以牛市为例，其中，上证指数累计上涨超过1.5倍，而创业板指数更是出现翻数倍的走势。在此期间，获利最丰厚的，莫过于上市公司的实际控制人及相关的原始股股东。

究其原因，一方面，这类群体的持股成本极低，有的持股成本更是低至1元以下；另一方面，这类群体具备独特的信息优势，能够在信息优势、持股优势等背景下，实现利润的最大化。

值得一提的是，上市公司高管也善于利用中国证券市场的制度漏洞来谋求利润最大化，实现及时的利润“收割”。

具体来说，即上市公司高管在股价到达一定高度时，借助离职的方式，成功避免了较长的持股锁定期。因为，据相关规定，上市公司高管借助办理离职手续，经过一定的锁定期后，即可减持50%的股份。而在12个月期满后，上市公司高管即可全部减持自己手中的股票，无须等待过长的锁定期。

我国证券市场中频繁出现上市公司高管的离职潮，而其离职的普遍原因与提前减持股票、锁定利润有着或多或少的关系。显然，这一系列的现象，都是当时中国股市的真实写照。

不过，这并非最可怕的，最可怕的是，不少企业为了达到发行上市的目的，不惜采取一切手段。其中，也有不少企业选择了违规造假或者贿赂相关负责人等。

不可否认，在中国股市违规成本极低的大背景下，即使企业涉嫌违规造假等行为，也不会遭到致命性的打击。待一定时间之后，企业又可以重新发起发行申请，无须为以往的过失负上过多的责任。

其实，国内企业一窝蜂似的追求发行上市，其本意不仅是为了筹措企业资金、扩大融资渠道以及提升企业自身品牌影响力等，而且是为了实现自身身家的暴涨、企业总市值的飙升等。

显然，面对强烈的市场造富效应，企业家们怎么会不感兴趣呢？不过，当企业家们一窝蜂似的追求发行上市时，却充分暴露出国内不少企业家好高骛远、投机取巧的心态。

因此，笔者认为，在疯狂的股市造富效应之下，管理层也确实需要好好反思一下国内市场造富机制的“病根”。否则，在实体经济持续低迷的环境下，大家却往“虚”的方向跑，则如此疯狂的造富效应，终会暴露出更大的危机。

6.2 4 500点以下，A股还是相对安全的？

2015 年 A 股市场精彩异常，从年初开始，不断触及新高，呈现出阶段性的强势走势。其间，虽然指数呈现出碎步上涨的走势，但自低点上涨以来，指数累计最大涨幅已经超过 20% 。

事实上，当时的 A 股市场，可以说是“成也政策，败也政策”。换言之，一纸政策对当时的股市具有决定性的影响。退一步来说，一旦发生任何的风吹草动，恐怕市场将再一次遭到空方的反扑。

2015 年 7 月初，市场延续 6 月中下旬接连暴跌的行情，并一度跌破3 400点整数关口，创下了3 373点阶段性低点。然而，就在市场即将面临更具杀伤力的踩踏风险之际，管理层却突然下发多道救市政策，试图迅速扭转市场几近崩溃的状态。

停发 IPO 当属其中一项最具影响力的动作。与此同时，证监会也要求所有上市公司制订维护股价稳定的方案，包括但不限于采取大股东增持、董监高增持、公司回购、员工持股计划、股权激励等措施。如此一来，则掀起了 A 股上市公司的增持潮。

据数据统计，在过去 2 周时间内，共有超过1 300名大股东采取增持等动作，合计增持数量高达 26.8 亿股。除此之外，还有不少高管以及个人选择了多次增持。

值得一提的是，在这一期间，21 家券商也联合发出公告，并强调 4 500点以下自营盘不减持等内容。至此，A 股市场的救市行动得到了广泛响应，股市逐渐趋于企稳。

不过，当时的核心问题是，无论是国家队，还是券商，甚至是上市公司高管，总会有逐步淡出的一天。如此一来，未来市场如何应对这一冲击，才是当时投资者最关心的问题。

显然，一来国家队逐渐淡出会是一种趋势，而未来将会加快把市场主导权重新交还给市场；二来则是 IPO 长期停发的可能性并不高。对此，在国家大力倡导提升股市直接融资比例的大环境下，IPO 重启将会不可避免。

那么，对于 A 股市场而言，究竟需要满足什么条件方可重启 IPO 以及准许国家队逐步淡出呢？

对此，笔者认为，大幅修复市场的投资信心、提升市场对政策性利空的抵抗力，是当时管理层工作任务的重中之重。除此之外，在未来 IPO 重启及国家队逐步淡出的推进预期下，管理层仍然需要推出多项具有实质性的利好政策给予对冲。否则，当系列政策性利空再次落

地，将会轻易吞噬多方全力救市的成果。

实际上，自证监会加快推进降杠杆化的行动以来，不仅场外配资现象遭到了全面性的冲击，而且还给部分急于添加资金杠杆的投机者敲响了警钟。显然，前一段时期的大清洗，确实有效打击了市场过度投机的行为，为日后市场的良性发展创造了有利的条件。

但是，从另一个角度分析，随着市场降杠杆的持续深化，也在很大程度上降低了市场的活力，大幅降低了市场新增流动性的流入预期。由此可见，若市场没有及时推出有效的流动性补充工具，则会给市场的后续走势带来消极性的影响。

中国股市出现了暴起暴落的走势，实则也给管理层带来了更多宝贵的治市经验。与此同时，还为部分热衷于高杠杆工具的投机者敲响了警钟，最终大幅降低了市场的资金杠杆率，为日后的股市创造了健康的市场环境。

或许，面对当时神经脆弱的A股市场，管理层仍然不会轻易启动IPO，而国家队也不会轻易撤退。相反，为了保证救市的成果，未来管理层还会出台适度的利好政策，以继续稳住股市的行情，进而逐步修复投资者的投资信心。

笔者认为，市场的接连上涨，已经积聚了一定的获利盘。此时此刻，市场临近20周线的压力，阶段性整理也是不可避免的。但是，从整体上看，在上证指数重返4 500点之前，或许A股市场还是相对安全的。

6.3 4 500点之上，且行且珍惜！

股市超过4 500点，证监会公开提醒2个交易日之后市场出现了剧烈震荡的走势。其中，以上证指数为例，2 个交易日累计最大振幅将近 200 点。其间，银行、“石化双雄”等超级权重股的“上蹿下跳”表演更是引发了市场的高度关注。

事实上，自股市进入4 500点以后，市场的做多热情也有所减退。一方面是考虑到市场的政策环境确实发生了变化，另一方面则是诸多“去杠杆化”的预期降低了部分新增流动性的入市积极性，对市场起到一定的降温作用。

其实，进入 2015 年 4 月份以来，市场也出现了一系列的去杠杆化举措。

其中，以券商两融为例，随着券商两融业务规模的持续膨胀，当时已有多家知名券商采取了上调保证金比例的举措。与此同时，不少两融标的证券的融资盘已逼近流通市值 25% 的上限水平。除此之外，在管理层叫停券商伞形信托的大环境下，也倒逼不少银行停止伞形信托的配资业务。如此一来，也确确实实对市场起到降温效果。

然而，即使在市场强烈的去杠杆化压力下，也似乎无法阻止部分新增流动性的入市热情。

值得注意的是，除了券商两融以及伞形信托等准入渠道外，不少资金已然开拓出不少的准入渠道，以满足放大资金杠杆的需求。例如，P2P 股票配资业务以及民间线下配资业务等。

笔者认为，股市从2 000点上涨至最高的4 572点，累计涨幅超过了 120% 。此时，股市的上涨已然不是简单的修复性上涨行情，而是演变成以投机资金为主要推动力的疯牛行情。

从短期的角度看，在4 500点之上，A 股或许仍然有一定的上涨空间。但是，在4 500点之上的上涨行情，既存在巨大的机会，也存在

着巨大的风险。

对此，笔者认为，当时证监会多次提醒市场风险的大背景，实则预示着股市随时可能会展开阶段性的调整行情，诸如“卖房炒股”或“借钱炒股”的投资者，也很可能在即将到来的调整行情中付出沉重的代价。

因此，在4 500点之上，投资者还是且行且珍惜！而在市场持续上涨的过程中，投资者也是时候考虑将过高的仓位进行合理调节，以应对随时来临的阶段性调整行情。

6.4 A股打破“法定砸盘日魔咒”的背后

“黑周四魔咒”以及“期指交割日魔咒”当属A股市场相当灵验的两大魔咒。因为，纵观历史数据，每逢市场遭遇上述两大魔咒时，当天市场都会呈现出剧烈震荡的走势。更有甚者，还出现了大幅杀跌乃至暴跌的走势。

然而，在2015年7月份，A股市场却意外打破了两大魔咒的束缚，并以大幅上涨来破除魔咒的冲击。

就以7月23日为例，正当“黑周四魔咒”即将显灵之际，市场却走出了震荡上行的行情。截至收盘，沪深两市均出现了2%以上的涨幅。盘面上，两市亦有超过300只股票出现了涨停板的走势，而跌幅超过5%的股票却不足5只。

至此，随着A股市场的再度回升，此时的指数已经实现连续三个交易日有效企稳在120日线的牛熊分界线之上。由此可见，市场也从熊市行情逐步恢复为牛市行情。

事实上，市场的超预期表现是以巨大的政策利好作为核心推动力。与此同时，上市公司纷纷采取回购、增持等手段维稳股价，由此给市场带来了持续性的推动影响。

第一，7月初的IPO突然暂停，向市场释放出强烈的维稳信号。同时，在同一时间段内，21家券商亦发布联合公告，称4 500点以下自营盘不减持等。如此一来，便给后续的市场回暖创造了有利的政策环境。

第二，上市公司纷纷采取回购增持等举措，而上市公司大股东也实现了增持，乃至多次增持，从而达到稳住市场的目的，给投资者传递出维稳的强烈预期。

其中，据数据统计，超过1 300名大股东增持26.8亿股。此外，还有部分高管采取了多次增持上市公司股票的举措，以示其看好后市、看好股票预期的积极态度。

于是，在多方合力的积极影响下，市场释放出一些积极性的信号。其中，自7月份以来，股票ETF净申购达到137亿份，而市场保证金的净流入速度也持续回升。此外，其间市场每周的新增开户数也开始呈现逐步回暖的迹象。

显然，此时此刻，稳住市场、稳住上市公司股价就是首要的任务。对此，市场一片维稳的大环境，实则也给空方带来了极大的冲击，而市场的投资信心也逐步恢复。

然而，笔者认为，虽然当时稳住市场成为重中之重的任务，但是鉴于未来的市场环境，长期维稳股市、维稳股价，也并非长久之计。

证监会正加快清理场外配资，其整体的降杠杆力度持续加大。于是，可以预知，市场加快降杠杆化的大预期实则降低了未来市场新增流动性的流入预期，进而降低了市场的活跃度。对此，如果市场在中短期内仍未出台一些提升市场流动性、提高市场活跃度的交易工具，一旦维稳资金有效撤退，则将会对市场构成严重的冲击。

值得注意的是，在 IPO 暂停以后，实则挫伤了市场的融资功能，给部分急需发行上市的企业带来了严重的冲击。因此，站在战略角度的方向思考，管理层也亟待提升股市的投资信心，进而为市场重启 IPO 做好准备。

事实上，随着市场剧烈波动的风险大幅降低，管理层也在无意间采取适度的市场摸底举措，试图为国家队的逐步淡出做准备。

或许，对于管理层而言，指数重新稳守在4 500点之上，以及市场投资信心得以有效修复，或将会成为其重新启动 IPO 的主要判断依据。

6.5 这个时候到底该不该重启 IPO?

股市暴跌时，股民一般会指责监管层监管不力或肆意融资。IPO 往往成为众矢之的。例如 2015 年股灾中，监管层被逼停止 IPO。暴跌发生后没多久，权威媒体传出，国务院已经决定暂停新股发行，而在之前已经申购的 10 家公司，则全部接到通知，会在资金解冻后将申购款全部退还。在同一天晚间，沪深两大交易所亦发布了多家公司暂缓发行的公告。其中，上交所发布了 10 家，深交所发布了 18 家。至此，这一系列的举措，正式拉开了 IPO 暂停的大幕。

后来，IPO 暂停超过了 2 周的时间。对此，随着市场行情的逐步稳定，市场也开始积极探讨该不该重启 IPO 的问题。

事实上，支持 IPO 重启的一方，主要考虑到两大主要因素。

其一，国家队逐步淡出，将主动权逐步交还给市场，会是一种不可逆转的大趋势。随着市场出现阶段性的企稳走势，市场或已具备了重启 IPO 的市场环境。

其二，考虑到 IPO“堰塞湖”现象的凸显，重启 IPO 或会在很大程度上缓解这一重要问题。

需要注意的是，自 7 月 5 日以后，虽然 A 股 IPO 已处于暂停的状态，但是新申报的企业数量却仍在增加。据数据统计，截至 7 月 2 日，共计 634 家拟 IPO 企业等待进入 A 股市场，其中也不乏一些颇具“分量”的企业，例如江苏银行、南方出版传媒等。

显然，对于那些仍在排队等候的企业而言，IPO 受阻确实影响到其融资的进程。或许，此时重启 IPO 会满足部分急需上市融资企业的愿望。

值得一提的是，后来的几个交易日内，市场逐渐传出与 IPO 重启相关的传闻。

其中，市场传出 IPO 或将重启。受此影响，7 月 22 日的股市也于盘中受到了冲击，但因午后传闻得以澄清，才促使股市走出了探底回升的走势。但是，IPO 传闻频繁出现，确实让不少投资者的神经一下子紧张起来。

此外，中金前总裁朱云来亦表示，中国在股市最危险的时候暂停 IPO，并非长久之计。此话一出，立马引发了社会各界的思考。毫无疑问，这对本已疲软的股市而言，也构成了更大的心理伤害。

实际上，进入 2015 年以来，无论是 IPO 规模还是再融资规模，都纷纷创出历年来的新高。可以这样认为，2015 年上半年，我国的融

资与再融资速度是相当迅猛的。

以 IPO 为例，据数据统计，2015 年上半年共有 193 家公司完成 IPO，合计募集资金接近1 400亿元。然而，纵观前 6 个月的新股首发数量，却呈现出明显增长的态势。

就在 2015 年 5 月份，A 股市场的新股发行速度也由原来的 1 个月核准 1 批，调整为 1 个月核准 2 批。自此之后，A 股市场的月均首发速度也出现了大幅提速的格局。其中，5 月份首发企业数量为 44 家，而 6 月份则为 48 家。

除此之外，大盘 IPO 的频发，也给市场带来了前所未有的冲击。在 5 月 22 日证监会核准的 23 家企业中，就包括了中国核电这一大盘 IPO；而在 6 月 9 日证监会核准的 24 家企业中，则包括了国泰君安这一大盘 IPO。

再以市场再融资为例，实际上，在 2015 年上半年，A 股市场的再融资力度并不逊色于 IPO 融资的力度。具体来看，在 2015 年上半年，A 股市场中共有 317 家上市公司实施了再融资，合计再融资金额接近5 500亿元。显然，与同期 IPO 融资规模相比，市场再融资力度更为猛烈。

那么，面对当时的 A 股市场，到底该不该重启 IPO 呢？

或许，有评论会认为，暂停 IPO 会使股市融资功能丧失，A 股市场会沦为一个不健全的市场。但是，笔者认为，在特殊的时期内，阶段性暂停 IPO 从本质上讲还是为了维护好市场潜在的融资与投资功能。至于 IPO 何时重启，还得紧盯市场的适应程度。

虽说国家队已大举救市，前期的救市行动也取得了初步的效果，但是，笔者认为，就算股市暴跌风险已经逐步减轻，波动风险依然不可轻视。

不可否认，自3 373点回升至今，A 股市场已经出现了近 20% 的反弹空间。然而，当时的股价，仍然勉强维持在牛熊分界线附近的位置。与此同时，市场多空双方的分歧依然很大，各方都不敢轻举妄动。

显然，面对当时神经脆弱的市场，只要有任何的风吹草动，都可能会打破市场阶段性的僵持局面。

因此，笔者认为，在当时相对疲软的市场环境下，暂停 IPO 仍需要继续进行。至于 IPO 何时重启，关键还是要看市场的适应程度。如果 IPO 重启时点把握不好，或者是急于落实，恐将会给本已神经脆弱的股市带来“雪上加霜”的冲击。

6.6 中国股市的违规成本怎能这么低？

备受市场关注的上市公司匹凸匹，于 7 月 20 日晚间发布公告称，第一大股东多伦投资（香港）有限公司因涉嫌短线交易上海多伦实业股份有限公司股票一案，收到了证监会上海监管局的《行政处罚事先告知书》。

这一案例实则违反了《中华人民共和国证券法》中规定的内容，即“上市公司董监高及持股 5% 以上股东，不得将其持有的该公司的股票在买入后 6 个月内卖出，或者在卖出后 6 个月内又买入”。

至此，虽然公司在此次短线交易中不赚反亏，但最终还是受到了证监局对其做出的处罚，并处以 10 万元的罚款。

事实上，对于匹凸匹这一上市公司，我们并不陌生。究其原因，一方面是前期该公司的更名事件被炒得沸沸扬扬；另一方面则是该公司潜在问题不少，早已备受市场的热议。

针对前者，早在2015年5月10日，多伦股份就发布了变更名称的公告。具体来看，其更名的原因颇具诱惑力。据了解，当时发布的公告显示，公司立志于做中国首家互联网金融上市公司，基于上述业务转型的需要，为使公司名称能够体现公司的主营业务，公司拟将名称变更为匹凸匹金融信息服务（上海）股份有限公司。

显然，鉴于当时市场爆炒互联网概念的大背景，公司也顺势搭上了互联网概念炒作的便车，及时实行了更名的计划。如此一来，多伦股份摇身一变，就变成了具备互联网概念的股票。随之而至的，就是股价的爆炒，市值的飙升。

然而，在这只股票大幅飙升的背后，实则隐藏着诸多已被公开化的问题。

最为引人注目的是，就在公司更名之前，即在2015年4月29日，公司收到了证监会的调查通知书，而证监会也决定对其进行立案调查。

但是，在公司股价持续飙升的过程中，投资者早已把风险忘掉。从实际走势看，该股在短短1个月的时间内，实现了价格翻番的目标。虽然之后股价出现了大幅下挫的走势，但却仍有13元以上的价格水平。

或许，在中国股市中，资金及概念题材才会是推动股价上涨的核心因素。然而，作为一家问题多多的企业股票，却在风险不断聚集的过程中，仍旧遭到市场多方的炒作，这确实也是中国股市特有的现象。

不过，对于上市公司大股东涉嫌短线交易等行为，证监会警告并处罚10万元的力度确实较轻。虽然该大股东的短线交易出现了“不赚反亏”的尴尬局面，但是对于这一类的违规事件，过低的处罚，实则等同于鼓励违规，这确实也是管理层值得反思的地方。

其实，中国股市的违规成本过低，本已不是新鲜的问题。回顾过去几年，A股上市公司违规造假事件频频上演，而管理层对这类事件的处罚力度却备受社会各界的质疑。

其中，前几年绿大地的违规造假案件，被调查发现虚增营业收入近3亿元。然而，在绿大地案的首次判罚中，相关责任人仅处以3年的有期徒刑，而上市公司也仅仅处罚400万元人民币。

再就是轰动证券市场的万福生科造假案件。万福生科造假案涉及违规金额很高，总计虚增收入高达7.4亿元，震惊了整个中国证券界。

不过，遗憾的是，在对万福生科进行判罚的公告中，却仅对公司处罚30万元人民币，而公司涉案的20人判罚款共计345万元，至于公司董事长以及财务总监，则处以终身禁入证券市场的处罚。

在本次判罚中，虽然万福生科以及中介机构基本遭到了“顶格”处罚，且这一次也成为中国证券市场史上最高的处罚，但是，对于A股市场造假事件的频繁上演，管理层对这些事件的“严惩”，似乎并未对其他造假上市公司构成有力的震慑。换句话说，在如此严重的造假事件中，上市公司并未被处以强制退市的处罚，确实给了上市公司很大的退路。

这一系列的处罚事件，实则暗示了我国证券市场的违规成本过低，甚至有间接纵容上市公司违规造假的嫌疑。

显然，对于部分上市公司而言，在违规成本如此低的市场环境下，企业只需放胆一搏，或许就能够创造出几何级数的市值以及利润。退一步来说，即使上市公司的违规行为遭到了揭露，企业以及中介机构也仅需承担部分违规成本罢了，待事件风波过后，企业及中介机构又能够再获重生的机会。

对此，笔者认为，加快修订完善《中华人民共和国证券法》，大幅提升市场违规成本，是当时的首要任务。显然，10 年前曾经大修过的《中华人民共和国证券法》已经不再适应于当时的市场，而随着市场规模的大幅壮大，以及多种创新型工具的推出，《中华人民共和国证券法》也需要与时俱进。否则，中国股市恐将继续沦为违规者的天堂。

6.7 互联网金融获正名，部分 P2P 平台难逃淘汰厄运

谈及互联网金融，人们很容易联想到互联网金融的几大经典模式。其中，网贷、众筹、第三方支付等，也于近两年备受人们关注。

然而，虽然互联网金融已在国内存活多年，但是其却始终处于“三无”的状态。具体而言，即无准入门槛、无行业规范标准以及无监管机构。于是，即使其间涌现出一批颇具影响力的平台，但因互联网金融仍未获正名，实则给投资者带来了不少的忧虑。

2014 年以后的 2 年间，可谓是互联网金融发展速度最为迅猛的时期。其中，以 P2P 行业为例，这 2 年，该行业的规模呈现出倍数式的增长。

据权威机构统计数据，截至 2015 年 6 月底，中国 P2P 网贷正常

运营平台的数量为2 028家，与2014年相比，实现了大幅度的增长。与此同时，随着P2P行业的发展前景逐渐明朗，不少P2P平台也逐渐获得了风投等机构的青睐。在2015年上半年，就有55家P2P平台获得了风投的支持。

不过，在P2P迅猛增长的同时，实则也存在着不少的隐忧。其中，问题平台数量剧增，当属当时P2P行业发展的致命问题之一。

据统计，就在2015年上半年，问题平台数量就高达419家，该数量远远高于2014年同期。此外，不少平台的诈骗手段层出不穷，有不少投资者也踩中了P2P的“地雷”，最终造成了不可挽回的损失。

事实上，随着互联网金融的迅速崛起，其终获正名也成了不可阻挡的趋势。

7月18日，中国人民银行等十部委发布《关于促进互联网金融健康发展的指导意见》（以下简称《指导意见》）。《指导意见》的真正出台，预示着互联网金融行业的发展步入了正轨。

从《指导意见》中，我们不难发现不少的亮点。其中，也有不少利好于整个行业健康发展的内容。

具体来看，主要包括了以下几大方面。

其一，互联网金融企业需建立客户资金第三方存管制度，而非强制银行托管，此举给予了平台一定的预留空间。

其二，明确了P2P信息中介性质，而非信用中介，给整个行业的发展划分了明确的界限。

其三，强调分业监管，明确了“一行三会”的监管职责。

其四，鼓励互联网金融企业上市融资以及对初创互联网金融机构采取税收优惠政策，实则给予优秀的互联网金融企业一定的发展空

间，打破了其发展的瓶颈。

其五，加强了互联网金融行业的自律以及强化了消费者的权益保护。此举的实质意义，就在于促进互联网金融的健康可持续发展，并给消费者的权益带来切切实实的保护。

显然，《指导意见》的出台，实则已给互联网金融正名了，同时，也为部分优秀的互联网金融企业创造出良好的发展环境。或许可以这样认为，管理层对互联网金融的发展，是持鼓励与支持的态度，但同时，也借助《指导意见》为互联网金融划分底线与边界，防止其过快发展所带来的隐患。

2014 年可以认为是互联网金融的发展元年；而 2015 年则可以认为是互联网金融的监管元年。

虽然《指导意见》已经出台，但这并非暗示互联网金融全面监管时代可以马上落地。显然，《指导意见》出台只是万里长征第一步，随后还得等待更加细化的监管细则颁布。

尽管如此，整个行业也难逃大洗牌的命运。可以预期，在一系列配套措施及监管细则落地之后，互联网金融企业或将面临两极分化的格局，即优秀的互联网金融企业会茁壮成长，甚至迎来全新的发展时代；但对于部分不达标的企业或平台而言，则将难逃淘汰的厄运！

笔者认为，互联网金融即将告别野蛮生长的时代，确实是一件令人喜悦的事情。不过，继《指导意见》正式出台之后，市场仍急切期盼着监管细则的出台与落地。因为，只有这样，才能够给互联网金融带来健康发展的有利环境。同时，这也能够从本质上保护投资者的切身利益。

6.8 A股大动荡走势告一段落了吗?

股市从来都是靠政策支撑，政府的态度至关重要。例如，财政部副部长的发言，就引起了市场的高度关注。显然，面对当时极不稳定的A股市场，重量级人物的发言会给市场带来诸多的信号。

据媒体报道，财政部副部长朱光耀18日表示，中国稳定股市的政策举措是正确的，股市动荡已经基本结束。与此同时，他还表示，中国股市出现大幅回调是正常现象，主要原因在于股市本身出现大幅上涨后面临自然回调压力，再加上中国股市发展并不成熟，市场融资的杠杆率过高。

不可否认，那一个月的A股表现，确实让不少投资者感到惊心动魄。其中，以上证指数为例，在短短3周时间内，股市暴跌达到35%，下跌空间高达1 800多点。至于市场上的中小股票，跌幅超过50%的比比皆是。

值得注意的是，被认为是这轮暴跌行情领跌品种之一的中国中车，其累计下跌幅度相当巨大。显然，作为一只具有代表性的权重股，其股价遭到“腰斩”，也会给市场的投资信心带来极大的冲击。

笔者认为，股市的暴跌，对市场投资人气的冲击是致命的。然而，对于此次暴跌行情，还有一个更可怕的问题，那就是暴跌期间，管理层竟然无法迅速找到暴跌的元凶，同时也没有及时做出反应。最终，股市暴跌的杀伤力被无限地放大，甚至影响到金融市场的系统稳定性。

市场各方似乎已经把股市暴跌的矛头指向了场外配资。

确实，近半年时间内，场外配资的增长规模尤为迅猛。其中，在券商两融迅速发力的同时，场外配资的增长速度达到了最高峰值。

遗憾的是，在市场整体的资金杠杆率出现大幅度攀升的背后，管理层并未及时意识到这一问题的严重性，更谈不上对危机做出有效处理。虽然市场的场外配资已经得到了一定程度的压制，但其整体规模依然较大。由此可见，市场去杠杆化行动并非是一朝一夕的事情，而在市场加速“去杠杆化”的过程中，实则给 A 股市场带来不小的冲击。

第一，场外配资遭到大规模清理后，市场杠杆率会得到一定程度的降低。但同时，市场的新增流动性也会受到不小的冲击。如此一来，在以资金为主导的 A 股市场中，一旦资金利用率明显地降低，必然也会影响到后市 A 股的上涨高度。

第二，此时此刻，虽然管理层加速清理场外配资，并倒逼恒生电子、上海铭创等机构先后采取了暂停新增配资系统的业务，从本质上堵住了场外配资的端口，但是，对于部分场外配资平台而言，它们仍有办法变相增量操作，或者更换一个名号，进而延续之前的业务，这也给管理层严打场外配资带来了一定的困难。

此外，我们不得不认清一个事实，即在国家队强力救市的背景下，才能够在很大程度上稳住 A 股市场。但是，国家队淡出市场，把主导权重新交还给市场，让其实现自身调节，已然成为不可逆转的趋势。

显然，在这一淡出过程中，市场也需要一定时间进行适应，而市场的投资信心未必能够迅速地得到修复。

值得一提的是，现在正处于 IPO 暂停的阶段。但是，IPO 审核工作并未停止。对此，可以预期，IPO 很可能会在一段时间之后重启，结合市场再融资的再度发力，届时恐将会给 A 股带来新一轮的冲击。

笔者认为，稳住股市，是当时管理层的首要任务，然而，修复投资者的投资信心却是一个漫长的过程。显然，在管理层考虑重启 IPO 等举措之际，必须充分考虑市场自身的承受能力，否则，恐将会导致市场出现新一轮的大动荡走势。

6.9 证监会清理场外配资，A 股进入强震模式！

暴涨暴跌已经逐渐成为 A 股市场的常态现象。确实，回顾 2015 年，A 股市场从最高5 178点下跌至最低3 373点，累计下跌空间已达 1 800多点。然而，随着大约 1 周市场的快速回暖，指数又很快从底部回升超过 600 点，其间不少超跌股票更是出现了 40% 以上的涨幅。显然，这就是 A 股市场的真实写照。

值得注意的是，鉴于前一段时期的股市暴跌，不少市场人士把原因归咎于前期证监会严查场外配资的活动。那么，事实真的是这样吗？

事实上，早在 2015 年 5 月底，证监会就曾经要求证券公司全面自查自纠参与场外配资的相关业务。与此同时，还对恒生电子等以 HOMS 系统为场外配资提供服务的机构给予了严厉的警告，并逐步叫停 HOMS 系统向场外配资提供数据端口的服务等。

证监会严查场外配资，本来是为了修正前期市场过度火爆的氛围，但遗憾的是，因证监会用力过猛，且当时的市场并未建立起严格的风控体系，如此一来，证监会严查场外配资就演变成为股市暴跌的直接导火索。

不过，经历了近段时间的股市暴跌之后，管理层也真正意识到股市高杠杆下的巨大风险。退一步来说，假如当时管理层的救市方式用得不妥，或者延误了救市的时间，很可能会加大市场的踩踏风险，并最终引发市场的“恶性循环”，甚至还可能会威胁到我国金融市场的系统稳定性。

在股市行情稍有起色之际，管理层再度对场外配资发起“攻击”，且这一次的严打力度更加大。

具体来看，在7月12日晚间，证监会发布了《关于清理整顿违法从事证券业务活动的意见》。自此之后，证监会打击场外配资的力度有增无减。

7月13日，国内成交规模最大的P2P配资平台正式宣布停止股票融资的业务，并强调不再新开融资账户。就在当天，多家互联网配资平台也先后停止了股票质押借款业务。

然而，证监会严打场外配资并不止步于此。7月16日，恒生电子发布了关于落实证监会《关于清理整顿违法从事证券业务活动的意见》具体举措的说明公告。其中，公司强调将关闭HOMS系统任何账户开立功能，并关闭HOMS系统现有零资产账户的所有功能，同时通知所有客户，不得再对现有账户增资。

此外，上海铭创、同花顺等也先后采取暂停新增配资系统的业务。如此一来，证监会清理场外配资的冲击力达到了顶峰。

证监会清理场外配资业务的速度加快，实则给市场带来了诸多改变。

第一，将会在很大程度上倒逼纯股票配资平台加速转型，而以借贷为主营业务的平台将会重新专注于原有的核心业务，回归原有的领域。

第二，证监会清理场外配资实则有效打击了市场过度投机的氛围，并能够大幅降低市场的资金杠杆率，为日后市场的良性发展创造了有利的环境。

此外，证监会清理场外配资，虽然用力很猛，但仍不会“一刀切”全面清除，而是会给市场一个逐步修复的过程，以适应市场的良性发展。

但是，笔者认为，虽然证监会清理场外配资会给市场的中长期走势带来积极性的影响，但仍给中短期市场带来一定的冲击。其中，降低市场活力，当属最直接的体现。

根据不完全数据统计，场外配资于2015年开始出现爆发式的增长，其累计规模或已高达1.5万亿元以上。

虽然场外配资规模的膨胀会大幅提升市场的资金杠杆率，给市场的运行带来极大的负面冲击，但是不可否认，在牛市行情中，适度的杠杆率有利于激发市场的活力，进一步强化市场的融资与投资功能。

然而，经历了这一轮的“大清洗”后，A股市场的活力必然会大幅降低。与此同时，随着股市的投资吸引力逐步降低，A股市场相应的融资与投资功能也将会明显削弱。

因此，对于2015年下半年的A股行情而言，再度延续之前单边暴涨行情的概率已经大大降低。不过，在股市加速“去杠杆化”的背景下，A股市场或进入强震模式，投资者的操作难度也会大幅度增加。

6.10 我们追求的是“贴近老百姓的GDP”！

7月15日，国家统计局公布了2015年上半年的宏观经济数据。根据初步核算，上半年国内生产总值（GDP）按可比价格计算同比增长7.0%，第二季度增长7.0%。鉴于当时我国经济下行的压力较大，这一经济数据略好于市场的预期。

其中，从分产业的数据分析，第一产业增加值为20 255亿元，同比增长3.5%；第二产业增加值为129 648亿元，同比增长6.1%；第三产业增加值为146 965亿元，同比增长8.4%。这一数据，实则反映出我国经济结构延续了持续优化的状态。但随着我国加大对第三产业的支持力度，第三产业的发展速度也呈现出持续加快的趋势。

值得注意的是，在这一份“成绩单”中，不少主要的经济指标也呈现出逐渐向好的态势，这暗示着我国经济有逐步走出阶段性底部的迹象。

具体来看，工业生产数据以及出口增速等指标出现了向好的迹象。除此之外，受益于前期稳增长的持续发力，以及房地产市场的逐渐回暖，我国经济走出阶段性底部的预期也强化了。

笔者认为，虽然我国2015年上半年的宏观经济数据略超出市场的预期，但是仍然不可否认一个事实，那就是我国经济的筑底过程仍未结束，经济底部的根基并不牢固。因此，2015年下半年，我们对经济的发展形势依然不能抱有盲目乐观的态度。对于管理层而言，必须结合国内外的经济形势，切勿盲目大幅调整我国的货币政策以及财政政策等。

进入 2015 年下半年，我国仍然面临着诸多挑战与机遇。例如，股市对经济的冲击以及房地产行业持续回升的力度等。显然，这些问题都会深刻影响我国经济的发展状况，甚至还会影响未来我国经济的发展大方向。

但是，笔者认为，2015 年下半年，我国的经济发展理应更注重质量，而不是单纯满足于数量及规模上的追求，并力争创造出贴近老百姓的 GDP，从而让经济发展满足各方利益的诉求。

实际上，从 2015 年上半年的经济数据分析，我国在“惠民生”方面下了狠功夫，同时也获得了不错的成绩。

其中，上半年消费对经济增长的贡献率进一步提升，当时已经达到了 60% 的水平，较 2014 年同期大幅提升了 5.7%。

与此同时，居民收入增速再度跑赢 GDP，并有效摆脱了以往单纯追求 GDP 数据增长的尴尬局面。而城乡居民之间的收入差距也逐步缩减。

具体来看，上半年全国居民人均可支配收入为10 931元，同比名义增长 9.0%，扣除价格因素实际增长 7.6%。其中，城镇居民人均可支配收入为15 699元，同比实际增长 6.7%；农村居民人均可支配收入为5 554元，同比实际增长 8.3%。此外，据数据统计，上半年全国居民人均可支配收入的中位数为9 700元，同比名义增长 10.5%。

至于 2015 年上半年的居民消费价格方面，也基本保持着稳定的状态。据数据统计，2015 年上半年居民消费价格同比上涨 1.3%，而 6 月居民消费价格同比上涨 1.4%，环比持平。

笔者认为，经过多方的努力，我国逐步接近“贴近老百姓的 GDP”的理想阶段。

显然，过去我国盲目追求数量及规模扩张的GDP增长模式，不仅不利于社会经济的良性发展，而且还会对我国的生态环境等方面造成巨大的破坏。或许，对于国家而言，以往的GDP发展模式，虽然赚足“面子”，但是却以巨大的成本作为代价，而老百姓也不会因此而受益。

“贴近老百姓的GDP”理念逐步深入人心，不仅给老百姓的生活质量带来了切切实实的影响，而且还在很大程度上助推了我国经济持续健康发展。这一切的改变，确实值得我们“点赞”！

6.11 “两桶油”强力护盘释放出什么信号？

超跌反弹似乎成为市场暴跌后的主基调。但是，在市场多次上冲4 000点整数关口未果之后，却于后2个交易日出现了明显的回落走势。上证指数报收3 805.7点，市场下跌幅度高达3.03%，至于前期备受市场关注的中小板以及创业板指数，则分别下挫5.13%以及4.99%。

然而，在股市出现明显回调之际，我们却发现了一个现象。即以“两桶油”为代表的超级权重股出现了明显上涨的走势。其中，市场权数占比很大的中国石油还封在了涨停板的位置。与此同时，银行、保险等权重品种也纷纷逆势翻红，起到了一定的护盘作用。

不过多数股票，尤其是中小市值股票，走势却显得惨不忍睹。从盘面上看，市场呈现出冰火两重天的局面，即一边是近150只股票封在了涨停板的位置，而另一边则是超过1 200只股票牢牢封在了跌停板的位置。普遍而言，投资者的持股市值均发生了不同程度的缩水。

但是，对于部分持有以“两桶油”为代表的权重品种的投资者而言，其持股市值却不降反升。

谈及“两桶油”，对于不少老股民而言，整体印象并不理想。究其原因，实际上自中国石油上市以来，它基本是向市场传递出“护盘”的信号，但在更多的时候，它也仅仅沦为大资金大机构撬动指数的有力工具。

事实上，“两桶油魔咒”在A股市场中也是相当灵验的。回顾过去近8年的时间，每当“两桶油”出现明显异动的走势时，往往预示着市场即将面临阶段性的调整压力；当“两桶油”出现连续性大幅上涨的时候，却往往暗示着市场距离阶段性高位已经不远了。

不过，在A股市场中，除了“两桶油魔咒”外，还存在着一些特别的“魔咒”，且灵验程度并不低。例如股票型基金“88魔咒”“钢铁魔咒”“大秦铁路魔咒”等，这也逐渐成了市场中无法解释的奇怪现象。

在市场处于牛熊分界线的敏感区域，指数并未走出接连上涨的行情，这确实引发了市场的担忧。与此同时，“两桶油魔咒”再度显现，无疑给市场传递出更多的忧虑信号。

笔者认为，此时此刻，“两桶油”大幅异动，且其他股票并未出现明显的跟风上涨效应，预示着短期市场的做多信心明显不足，而市场整体的赚钱效应也正在不断降低。

正如笔者前期所述，随着国家队的逐渐淡出，将会把市场主导权逐渐交还给市场，结合不少停牌股的纷纷复牌，实则给短期市场带来了二次探底的冲击。

当时，市场面临的最大压力来自管理层继续加大力度“去杠杆化”的动作。其中，清理场外配资、叫停多家配资平台等举措，虽然利于中长期市场的良性发展，但却会对短期市场构成一定的冲击压力。

显然，短期市场已进入二次探底的阶段，在出“政策底”之后，而今的市场却再度回探“市场底”。或许，要待这一轮“去杠杆化”工作完成之后，市场才会走出逐渐企稳的行情。但是，从中长期的角度看，A 股市场的牛市根基仍然存在，投资者无须过度悲观。

6.12 场外配资遭遇打击的背后

2015 年 7 月 12 日晚间，中国证监会发布了《关于清理整顿违法从事证券业务活动的意见》。与此同时，在当天晚间，网信办也通知各门户网站、网络平台以及媒体单位等，全面清理所有配资炒股的违法宣传广告信息。显然，这是一次全面性的清查行动，对整个配资行业的冲击也是直接性的。

值得注意的是，就在 7 月 13 日，国内成交规模最大的 P2P 配资平台也正式宣布停止股票融资的业务，并强调不再新开融资账户。而在同一天，多家互联网配资平台也先后停止了股票质押借款业务。由此可见，这一次的场外配资清理行动，实则已让场外配资遭到重创。

无论是纯股票配资平台，还是以借贷为主营业务的平台，都受到了不同程度的冲击。不过，从新规来看，对于配资平台而言，虽然仍可对存量进行持续运行，但却强调了不得新增客户、账户以及资产等。如此一来，实则已经封死纯股票配资平台的发展之路，对其产生了致命性的冲击。至于那些以借贷为主营业务的平台，则会或多或少地减少其相关业务的收入来源。

不过，值得庆幸的是，这类平台早已将配资业务定位为短期性的盈利业务，而非核心业务。因此，经历了这一轮大清洗之后，这类以借贷为主营业务的平台仍将会重新专注于原有的核心业务。

事实上，管理层严打场外配资的行动早已不是新闻。

早在2015年5月底，证监会就曾要求证券公司全面自查自纠参与场外配资的相关业务。与此同时，还对恒生电子等以HOMS系统为场外配资提供服务的机构给予了警告，并逐步叫停HOMS系统向场外配资提供数据端口的服务。

然而，那一次的“严打”却不幸演变成前期股市暴跌的导火索。

据统计，股市自最高点下跌接近1 000点的时候，实则已对场外配资进行了全面性的清理。但是，随着市场踩踏效应的加剧，股市的下跌速度却未能减缓。于是，伞形信托、银行配资乃至部分券商两融等，都或多或少地受到了冲击。更有甚者，还因来不及追加保证金，而遭到了强行平仓。

不过，场外配资的具体规模，始终是一个谜。

有机构测算，当时我国场外配资的规模大约在5 000亿元，但是也有数据表明，当时我国场外配资的总规模已经突破了2万亿元。显然，这一年来，场外配资的野蛮生长已经是市场有目共睹的。

但是，在场外配资疯狂壮大的同时，市场却并未建立起相关的风控体系。于是，当市场踩踏风险正式形成之后，结合平仓盘的迅速增加，最终引发了市场的“恶性循环”。

值得一提的是，在民间配资疯狂生长的背后，一方面，市场缺乏实时的监管，同时，相关部门也并未做出提前防控的准备；另一方

面，当时仍然处于监管灰色地带的民间配资业务，实则也给监管者带来了监管上的困难。

场外配资遭遇重创，或许会给市场传递出稳定的预期。但是，需要思考的是，在场外配资遭到严打之后，真能够抑制住中国股民的“赌性”吗？

笔者认为，严打场外配资，乃至规范配资业务的行为，有利于市场的长期稳定发展。但是，要从本质上抑制住股民的“赌性”，除了要规范他们的投资行为外，还得时刻加强投资者的风险教育，或借助一些典型的案例，让他们认识到股市过度投机的高风险性，并呼吁他们要理性对待投资的行为。

6.13 中产阶层为何在这次股灾中摔得最痛？

何谓“中产阶层”？其实，一般而言，中产阶层无论是在经济地位，还是在政治、社会等地位上，基本都处于现阶段社会的中间水平。按照权威的算法，若以收入进行划分，则中产阶层的资产至少在1 000万元以上，同时，需要接受过大专以上的教育等。

不过，坊间流传着一份对中国内地中产阶层的新标准设定。其中，中产阶层的家庭月收入要求在4.5万元以上，同时，需要拥有流动资产150万元以上等。或许，对于绝大多数人而言，他们现时的收入仍然远远达不到中产阶层的水平。但实际上，随着我国经济的迅速发展，社会的收入差距也发生了巨大的变化，贫富悬殊已然成为社会的核心问题之一。

据不完全数据统计，当时我国中产阶层占比或不足5%。但是，中产阶层人口却给我国经济的发展带来不可估量的影响。

然而，在近4周的时间内，中国股票市场的异常波动却给这类群体的财富造成了毁灭性的冲击。有数据统计，经历了这一轮的股市暴跌风波，不少中产阶层的财富发生了瞬间蒸发或者是大部分蒸发的现象。更有甚者，还因经受不住如此沉重的打击，而产生了自杀的念头。

事实上，与2008年的大股灾相比，这轮股灾的杀伤力更为猛烈。

前者虽然其间指数最大下跌幅度超过了70%，但是因当时市场仍未引入诸如融资融券、股指期货等创新型工具，因此，即使市场发生了大幅度的市值蒸发，但投资者亦可与市场比拼耐心，多数人最终还是能够有效地减少市值的损失。

后者因市场的游戏规则发生了巨大的变化，同时，因市场赚钱效应极强，不少高杠杆工具也以各种形式被变相运用，最终大幅提升了市场整体的杠杆率水平。但是，对于部分期望借助高杠杆工具实现利润最大化的投资者而言，一旦股市发生重大拐点，则对其财富的冲击也是致命的。

值得注意的是，在前期高杠杆工具备受热捧的大环境下，其相对偏高的准入门槛，以及过于激进的操作模式，阻住了多数普通投资者的参与。不过，与他们相比，中产阶层这一类群体却能够轻松达到这一准入门槛。

例如，如果某名中产阶层的“贪念”够大，则其可以选择具备更高杠杆率的工具，诸如伞形信托、场外配资等，一次性把资金扩大数倍，以满足其扩大利润的欲望。

但是，高收益与高风险是同时存在的。显然，在资金杠杆率大幅飙升的同时，其潜在的亏损风险也相当吓人。换言之，如果一名投资者选择了能够扩大资金规模5倍以上的高杠杆工具，则其捕捉到一个涨停板，相当于盈利增长5倍以上。但是，如果不幸遭遇股价下跌，股价下跌超过10%，则其随时面临平仓或者是爆仓的风险。

不过，在实际操作中，使用杠杆比率超过5倍的中产阶层群体还是占比偏小。但是，在前期的牛市行情中，使用杠杆比率为1∶1、1∶2或者是1∶2.5的群体还是占据了一定的比例。

以券商两融为例，其业务规模一直呈现出持续飙升的状态。进入2015年后，券商两融的增长速度继续加快提升。就在股灾发生前后的时间内，券商两融的总规模还一度接近2.3万亿元的水平。而在2014年同期，也不过是4 500亿元的水平。

与此同时，伞形信托规模也迅速增长。其中，据不完全数据统计，伞形信托以及场外配资等规模，总计已接近万亿元的水平。

实际上，对于这类使用杠杆比率相对较低的投资者而言，他们的“赌性”并不是很大。不过，他们愿意选择在这个时点采取适度扩大资金杠杆的行为，实则体现出他们看好中国经济的发展前景以及看好中国资本市场发展的美好预期。

殊不知，在这一次股灾中，不仅场外配资遭遇了大规模的清理，就连场内的1∶2.5乃至1∶2的配资资金也遭到了部分清理。除此之外，对于部分中产阶层而言，虽然股票达到了平仓线，但因其来不及补充保证金，由此引发了强行平仓的风险。因此，这类中产阶层的财富就瞬间遭到了蒸发。

不过，这不是最可怕的。最可怕的是，随着不少中产阶层加快进入中国股市，他们在股市中的财富配置比例也发生了较大的变化，但在经历了这一轮股灾之后，不少遭遇重创的中产阶层，已经逐渐对股市投资失去了兴趣。而更多的中产阶层，则把中国股市当成世界上最大的赌场，或永远不再参与到股市投资之中。

显然，针对这次股灾，部分中产阶层的财富瞬间蒸发已成为真实的写照。但是，在他们的财富蒸发的背后，实则与他们自身“贪欲”的膨胀也脱不开关系。

股市赚钱效应持续加强引发了投资者的冲动欲望。而冲动就是魔鬼，若投资者抑制不住冲动的欲望，甚至采取盲目扩大资金杠杆的行为，则最终的结局就是可悲的。

不过，笔者认为，通过这一次的股灾风波，不仅能让冲动的投资者做出深刻的反省，而且能让国内的管理层、专家学者以及媒体等进行认真的反思。

其实，有一个问题经常被我们的管理层忽略，那就是国内投资者的风险教育仍然比较欠缺。与此同时，在电视媒体、报纸刊物等渠道上，也缺少相关风险教育的专题报道。

确实，在股市处于非理性的上涨过程中时，管理层以及媒体等，应该尽可能做到对股市投资进行风险性的提示，或者借助一些案例来告知投资者，尤其是动用高杠杆工具的投资者在投资上的风险等，而不是盲目地去鼓动投资者进行投资。

或许，经历了这一次的重创，部分损失惨重的中产阶层对股市的投资信心已经降至冰点。如果要重新修复他们的投资信心，则恐怕要等待一段漫长的时间。不过，这一次的股灾风波，实则也给我们的管理层带来了宝贵的管理经验，那就是在灵活管理市场以及强化投资者风险教育等问题上，我们的管理层仍然需要下狠功夫。

6.14 暴涨暴跌过后，A股需要淘汰一批人！

2015年7月份A股市场出现了暴涨暴跌的局面。以上证指数为例，该股先从最高的5 178点暴跌至最低的3 373点，累计下跌幅度高达35%。但是，在一系列利好政策的助推下，指数却出现了大幅回升的走势，短期累计最大涨幅高达15%。

不过，有趣的是，后来A股市场出现了大幅回升的走势，但是两市依然有1 400多只股票出现了停牌。如此一来，即使市场大涨，受益股票也仅有一半。此时此刻，受到股票停牌煎熬的股民，确实会感到难受。

实际上，对于停牌股票而言，其停牌的根本原因，就在于回避市场的系统性风险，避免市值大幅度缩水。上市公司有诸多的理由实行突发性的停牌，主要的停牌理由有因筹划重大资产重组停牌，或者是因筹划非公开发行而实施停牌。

面对股市的突然回升，不少停牌股票纷纷采取各种手段实现复牌。其中，乐视网、东方财富等股票在停牌1个交易日后就宣布复牌，股价也轻松实现了2个涨停板。不过，对于多数已处于停牌状态的股票而言，随着市场的快速回暖，它们也在迫切筹划复牌的计划，试图顺应市场回升的趋势，快速提升自身股票的市值水平。

显然，当时的A股市场，不仅让国家出台政策充满了尴尬，而且还让停牌中的上市公司身处进退两难的困局。

以前者为例，国家颁布诸多利好政策，试图重新修复市场的投资信心。然而，在股市投资热情再度回升之际，市场却再度演绎疯狂暴涨的一面。显然，若市场继续任性暴涨，恐将让国家政策再度收紧。此时，国家对股市的态度也处于骑虎难下的局面。

以后者为例，停牌的上市公司处于进退两难的阶段：一方面，上市公司等待着市场回暖信号的出现，试图回避阶段性的系统性风险；另一方面，则担忧公司股票复牌之后，市场会不会再度重返跌势，由此再度引发股票市值的下滑。

因此，在当时，A 股暴涨暴跌的走势不是国家期盼的运行状态。但是，要想把 A 股市场打造成为“慢牛”，则恐怕难于上青天。

经历了短期大幅度的回升走势后，不少超跌股票出现了接连反抽的行情，部分股票累计最大涨幅空间高达 20% 以上。不过，市场仍然面临着诸多的考验。

或许马上将有不少停牌股票集中复牌，届时或将给大病初愈的 A 股带来又一次的冲击。至此，笔者认为，在 A 股市场逐步企稳的大环境下，停牌股票不宜集中复牌，建议以分批式的节奏实行复牌，进而减缓它们对市场的直接冲击。

当时股市的暴涨暴跌，已然演变成为一种常态现象。但是，国家队的大力护盘实则给市场的持续企稳带来了有力的支撑。不过，随着后续国家队的逐步淡出，市场能否恢复正常的自我调节功能，也是值得投资者高度重视的问题。

笔者本以为经历了这一轮的股市暴跌行情，市场中的“赌徒们”会深刻反省。殊不知，在这一轮暴跌过后，部分“赌徒”却意识到股市暴跌会引发政府兜底，于是，在市场暴跌过后，他们再一次借助高杠杆工具来大幅提升自身资金的杠杆率，操作上反而变得更加肆无忌惮了。

因此，A 股经历暴涨暴跌过后，确实需要淘汰一批人。与此同时，管理层也必须借助这轮暴跌风波，及时修复市场漏洞，恢复股市的正常投资功能。若继续纵容 A 股市场的高度投机风气，恐怕会引发更加严重的后果。

第 7 章 培养正确的炒股心态

7.1 假如 A 股重返4 500点，你还会选择离开吗？

经历了一波暴跌行情之后，不少投资者的投资信心几乎降至冰点。不过，进入 7 月初以来，受国家队全力救市以及上市公司掀起一轮增持潮的影响，A 股市场的整体表现逐渐趋于平稳。进入 8 月份，随着市场的运行重心略有回升，市场的投资人气似乎逐步归来。

值得一提的是，A 股市场出现了接连高开高走的走势，并创出 8 月以来的反弹新高。截至 8 月 10 日收盘，上证指数大幅上涨 4.92%、深证成指大幅上涨 4.31%。至于中小板以及创业板指数，则分别大涨 4.07% 以及 5.03%。

不过，还有一个信号值得我们高度重视。具体而言，自 2015 年 6 月 19 日以来，即股市经历了暴跌行情之后，上证指数首次突破了 30 日线的位置，且当时的指数点位距离 120 日线的牛熊分界线仅有不到 70 点的空间。由此可见，在市场指数逐步反弹的过程中，实则向市场传递出了一些积极性的信号。

回顾管理层出台的一系列救市政策，实则时刻牵动着市场各方的神经。其中，从国务院叫停 IPO，到证监会要求所有上市公司制订维护股价稳定的方案，再到 21 家券商联合公告强调4 500点以下自营盘不减持等都体现出，这一场救市行动，实则给整个证券市场带来了不可估量的影响。

然而，在 7 月中下旬的时候，市场也曾经因为一纸传闻而遭到了空头的反扑。更有甚者，还传出了国家队撤退的传闻。如此一来，也为股市二次探底创造了契机。

不过，值得庆幸的是，传闻终究是传闻，在相关传闻遭到市场各方质疑之际，国家队资金却继续加大救市的力度，并逐步降低市场的整体性波动风险。

4 000点，距离我们只有一步之遥。但是，对于更多的市场人士而言，他们却更关注另一个敏感位置，那就是4 500点。

实际上，对于 A 股市场而言，4 500点一带区域可以认为是判断市场强弱的关键位置。与此同时，对于之前联合发出公告且强调4 500点以下自营盘不减持的券商来说，这一点位的得失也将会直接影响到其未来的运作状况。

但是，换一个角度分析，假如 A 股真的重返4 500点，那么你还会选择离开吗？

事实上，在股票市场中，从来离不开“七亏二平一盈”的定律。但是，经历了前期的股市暴跌风波之后，不少深套已久的股民却产生了撤退销户的想法。

在中国股市中，因市场投机色彩异常浓厚，炒股逐渐沦为一种赌博的游戏。在这一场游戏中，参与者时刻被人开起了玩笑。

实际状况将是，在当时深套的参与者得以解套之际，他们不但会毫无撤退销户的打算，反而还会继续加仓赌博一把。这，也是不少股民的真实写照。

显然，对于一个参与者而言，真的想要撤退销户离开这个市场，其落实的概率并不高。退一步来说，假如某一天，这名参与者真的狠下心来撤退销户，相信在不久的将来，他还是会被股市的魅力所吸引，最后重新回归到这个市场之中。

确实，暴涨暴跌的A股行情，给不少投资者带来了投资上的困惑。更有甚者，还可能会因踩错市场的运行节奏，而加大了亏损的幅度。

不过，笔者认为，面对逐步企稳的A股市场，稳住市场仍然是当时管理层救市的首要任务。至于国家队资金何时淡出，或许还没有到需要考虑的时候。

7.2　炒股上瘾容易，戒掉很难！

一般而言，股市属于一个颇具影响力的投资理财渠道。纵观国外成熟市场，其股市成立多年，也为当地老百姓带来了相对稳健的年均投资回报率。因此，对于这些国家的老百姓而言，他们更愿意把闲钱投放至股票市场，而不是存进银行，以满足自身资金保值增值的需求。

与国外成熟市场相比，国内普通老百姓的投资渠道却长期无法实现有效的扩张。事实上，一直以来，国内普通老百姓仍然习惯把闲钱投放至银行，或者是购买国债以及银行理财产品等。

不过，自2013年6月余额宝正式推出之后，就逐步激活了整个互联网金融领域，带动了全民理财的热情。自此之后，各类互联网理财产品也开始茁壮成长，其中包括宝宝类理财产品、P2P、股权众筹等。

但很遗憾的是，在此期间，股市这一个颇具影响力的投资理财渠道却始终未能得到多数老百姓的认可。对此，有不少人认为，炒A股如同赌博，不仅收益无法得到保障，而且还具有巨大的投资风险。

2014年下半年，可以认为是中国股市发展的一个重要契机。据数据统计，自2014年7月份以来，中国股市创造出多个历史纪录。其中包括日均成交量突破历史新高、券商两融业务规模屡创新高以及部分股票的炒作力度达到了历史之最等。

以上证指数为例，仅仅用了10个月的时间，指数就从2 000点大幅飙升至最高的5 178点，累计最大涨幅超过150%。而较上证指数启动更早的创业板指数，其累计最大涨幅更是达到了数倍之多！

显然，面对巨大的赚钱效应，结合各方的大肆鼓动，不少老百姓也纷纷投钱进场，试图在股市中分到一杯羹。

无论是对新股民，还是对老股民来说，都会受到沉重的打击。其中，有股民表示，在牛市中，他轻松赚取了几倍的利润。然而，随着股市赚钱效应明显增强，他的胆量越来越大，投入的本金也越来越多。最后，他不仅把利润全部亏掉，而且还把本金亏掉过半。这确实是一次重大的打击！

不可否认，在股市中，要是抓住了时机，来钱会很快，但同时，一旦贪欲膨胀，无法及时撤退，则亏钱的速度也是让人大吃一惊的。

值得一提的是，当时的中国股市，随着游戏规则的逐步改变，已然不是以往传统的玩法。

对于老股民而言，因过去股市的游戏规则相对简单，即使其在高位不幸深套，也可以与市场比拼耐性。或许，在当时，只要有足够的耐心，则解套也不会是一件太难的事情。

不过，当时的中国股市陆陆续续地引进了不少国外市场的玩法，其中包括融资融券、股指期货等。而随着股市的持续火爆，不少民间配资机构也看准了时机，大肆推出大幅扩大资金杠杆的品种，为胆大的股民带来足够大的资金杠杆率。

显然，随着市场杠杆率的大幅攀升，市场的上涨速度会明显加快。但同时，一旦遭遇重大拐点，则市场的下行速度也会大幅加快。正因为部分股民的资金杠杆率发生了大幅度的提升，因此在遇到市场下跌之际，他们只能做好随时止损的准备。退一步来说，一旦市场直接大幅暴跌，股票连续跌停，则意味着他们的资金随时面临平仓，乃至爆仓的风险。

这就是当时高杠杆资金主导的行情特征。

在中国，买卖股票一般不叫“投资”，而叫“炒股”。显然，一个“炒”字充分体现出中国股市的高度投机色彩。

或许有评论认为，因为中国股市的散户占比太高，而机构投资者占比极低，由此容易引发市场的大幅波动。但是，在实际操作中，无论是大资金、大机构，还是中小散户，其操作的特征基本离不开一个“炒”字。同时，他们大多数的平均持股周期极短，交易频率相当高。

经历了股市的大幅下跌后，中国股市已经蒸发掉超过 20 万亿元的资金，据不完全数据统计，当时股民人均亏损额度高达41 万元。显然，此时此刻，无论是新股民，还是老股民，都受到了极大的挫折，同时也给臆想一夜暴富的股民敲响了警钟。

笔者认为，对于普遍股民来说，炒股上瘾很容易，但是想彻底退出股市这个伤心地，或许就很艰难了。对此，笔者也给大家一句忠告，要是心理承受能力不过关，就不要进入股市。而对于已经进入股市的股民而言，炒股还是使用闲钱为好，切忌卖房炒股、借钱炒股，更不应该用“背水一战”的心态去对待股市。否则，会输得很惨！

7.3 股灾之下，中国股民切勿意气用事！

2015年股灾时，不到1个月的时间，A股暴跌超过30%，指数亦从5 178点直接掉向3 300多点。显然，这已经不是一次正常的调整，而是一场股灾。

随着A股市场的下跌速度明显加快，管理层对股市的重视程度也在明显提升。就在7月8日晚间，央行等五部委集体发声，向A股市场传递出积极性的信号。

其中，央行强调支持股市稳定发展，给市场提供充分流动性；证监会同时表示将会加大购买中小市值股，呼吁控股股东增持；而国资委则强调了央企在股市异动期间不得减持。至于证金公司、财政部乃至保监会等，都给A股市场传来了一系列的提振信号。

显然，A股市场的迅速暴跌，已经考验着管理层的忍耐力。据不完全数据统计，在3个多星期内，A股市场累计蒸发掉20多万亿元的市值，相当于跌掉了10个希腊的GDP。与此同时，股市市值大幅缩水实则也给国内富豪们的财富收入带来了沉重的冲击。其中，内地女首富、蓝思科技董事长周群飞的财富也迅速蒸发掉400多亿元。

股灾之下，绝大多数的股民都无法幸免。不过，在股市暴跌的过程中，A股市场的风险释放力却不见缩减，反而有越发强烈的态势。

事实上，纵观这一段时期 A 股市场的表现，实则暴露出诸多的制度漏洞。同时，也充分揭示出相关管理层的危机应急处理能力偏弱，以及其整体的风控能力较差。于是，在突发性的股灾风险爆发之后，股市遭到了前所未有的冲击，而这种冲击力似乎没有任何举措可以实现有效抵挡。

值得一提的是，面对强烈的股灾冲击，上市公司也纷纷采取一切手段来维护自身价格的稳定性。其中，停牌、回购以及增持当属颇为流行的手法。但是，在单边暴跌的市场环境下，回购或者增持似乎都无法起到真正的稳定作用。于是，越来越多的上市公司为了维护自身股价的稳定性而纷纷采取停牌的方式来回避这一场股灾。

截至 2015 年 7 月 8 日晚间，A 股市场已经有超过1 500只股票实行停牌。如此一来，便给市场带来了另外一种景象，即大资金大机构集中对那些仍在交易中的股票下手，而巨额的封单也把这类股票牢牢锁死在跌停板价格之上。由此可见，在多数股票采取停牌举措的大环境下，结合公募基金赎回以及杠杆资金平仓等多重压力，实则加剧了那些仍在交易中的股票的波动风险。

显然，当时的 A 股，已经到了“放大利空，而无限缩小利好”的阶段。退一步来说，即使上市公司临时颁布了一项重磅利好，或也难逃市场集体杀跌的风险。由此可见，既然任何利好都无法抵挡住市场的系统性风险，还不如直接停牌，等待这一场股灾风波结束后，再行复牌。

央行等五部委集体发声，已然清晰地暴露出当时股市的危害预期。显然，如果此时管理层还任由股市继续任性暴跌，则意味着市场的踩踏风险也会进一步地扩散，甚至深入影响到股权质押乃至两融等资金。届时，市场恐将引爆更具杀伤力的危机。

A 股的底究竟在何方？或许，没有人能够准确地回答。但是，笔者认为，在当时的股灾环境下，中国股民确实需要学会冷静，切勿意气用事。因为，散户满仓买入容易，但一旦挨套触及止损点，他们之中的大多数却不舍得卖出，最终只会导致亏损幅度越来越大。

由此可见，在股灾的大环境下抄底，就如同火中取栗。一旦不幸挨套，恐怕又要忍痛割肉，最终导致财富瞬间蒸发。对此，与其拿着筹码茶饭不思，还不如等待市场真正的企稳信号出现，再行参与抄底。

7.4 我们的晚年，到底该如何保障呢？

2015 年 5 月 25 日，河南省平顶山市鲁山县城西琴台办事处三里河村的一家老年康复中心发生了特大火灾。此次事故，已经造成 39 人死亡、2 人重伤以及 4 人轻伤。

“5·25”鲁山养老院特大火灾事故的发生，立马引起社会各界的高度关注。此次事故深刻暴露出我国潜藏的诸多问题。其中，老百姓的晚年到底该如何保障，无疑成为备受关注的话题。

近 30 多年来，我国经济高速发展，我国老龄人口也大幅增长。其中，根据前期机构统计的数据显示，当前我国 60 岁以及以上的人口占比高达 13.26%，而 65 岁及以上的人口占比也已经突破了 7% 的关口。

与此同时，亦有预测报告显示，在未来的一段时间内，我国的老龄化现象将越发严重。到了 2020 年，我国的老龄人口占比将高达

19.3%，而到了2050年，这一比例更是攀升至38.6%。

值得注意的是，一方面，我国老龄人口占比持续攀升；另一方面，我国劳动人口数量持续下降。就当前而言，我国已普遍存在着"三个人养一个人"的现象。由此可见，随着我国老龄化趋势的深入发展，未来这一问题将会越发严重。

不可否认，人总有老去的一天，但关键的问题是，我们的晚年到底该依靠谁呢?

一直以来，普遍存在着两种养老模式：一种是家庭养老模式，而另一种则是社会养老模式。

家庭养老模式更受到普通老百姓的欢迎。因为，在此模式下，既能够满足家庭养老的需求，又能够让老人活得开心，活得自在，不会受到太多的社会约束。不过，在实际操作中，却时常发生年轻人因忙于工作，而疏于对家庭老人的悉心照顾。与此同时，社会上亦存在着不少的孤寡老人，而此类群体也急需社会的救助。于是，以社会养老为主的其他养老模式就备受各界关注。

实际上，对于多数老年人而言，他们并不愿意到养老院或者其他地方来实现养老。因为，他们更愿意享受家庭养老中的无拘无束。

针对这一问题，有人提出了以房养老的模式。具体来说，即让老人将自己拥有的产权房作为抵押，以达到定期领取养老金的目的。不过，该模式似乎并未起到太大的效果。更有甚者，还认为以房养老模式的推行，实则是国家逃避社会养老责任的一种体现。

除此之外，养老院的养老模式其实也分为两种主要的模式，即公办养老院模式以及民间养老院模式。

公办养老院享受着国家的大力扶持，而养老院内部的相关配套设施也是相当完善的。遗憾的是，因在我国社会保障体系建设中，其并未有太大的支出占比，因而受益者也只局限于很小的一部分群体。因此，在更多的时候，因公办养老院的名额有限，导致大量急需进院的老人转移至民间养老院之中。

近年来，随着民间养老院的数量增多，不少老年人先后进入这些民间养老院。不过，与公办养老院相比，民间养老院所承担的压力却是相当巨大的。

一来，缺乏政府的大力扶持，其配套设施明显逊色于公办养老院；二来，需要考虑经营等相关风险。如此一来，养老院的服务质量、安全措施以及人员配备等也就很难跟得上公办养老院的发展步伐了。

显然，对于政府而言，一方面，要加大对社会保障体系的支持力度，提升其整体支出占比，让更多人享受到政府扶持的福利；另一方面，则要进一步提升老年人的综合福利水平，让他们的晚年过得舒适，能够享受到我国经济发展带来的巨大成果。

7.5 中国股民应该学会敬畏市场！

多少年来，股市基本离不开“七亏二平一盈”的定律。对于中国股市来说，缺乏信息、资金、数据等优势的普通股民处于劣势的地位。于是，长期下来，也没有多少人能够从股市中捞到太多的利益。

时隔7年的时间，中国股市却再一次走牛。显然，与以往的牛市相比，这轮牛市具备了不一样的特征。

其中，一方面，政策环境的持续趋暖，为股市的走牛奠定了政策上的有利条件；另一方面，这轮牛市基本建立在高杠杆资金之上。换言之，在一系列高杠杆工具全面激活的大背景下，实则大幅提升了市场资金的有效利用率，瞬间提升了资金的杠杆率，为牛市加速。

3 000点、4 000点、5 000点，而后到5 178点的阶段性高点。显然，随着市场上涨节奏的持续加快，牛市给股民的印象是来得快，来得猛。甚至有部分股民还未能够从熊市噩梦中苏醒过来。

5 000点之后，中国股市的上涨步伐似乎有所放缓。就在很短的时间内，股市的日内波动幅度还明显地加剧。有时候，股市日内波幅超过百点，也已经成为常态。

前期的股市巨震，似乎让不少股民迷失了方向。但是，随着股市由震荡行情演变为加速下跌的行情，此时股民的心态也变得相当混乱。

值得一提的是，在这轮牛市行情中，尤其是在牛市步入中期阶段之后，市场上却来了一大批新股民。显然，对于这批新股民而言，他们并未经历过牛市中的巨幅震荡走势，更加没有经历过中国股市漫漫“熊途”的煎熬。因此，随着股市波幅的加剧，这些新股民的神经也变得相当紧张。

事实上，虽然股市见阶段性高点还不到半个月的时间，但却因市场的波幅相当惊人，由此引发不少股民的极度恐慌。

从具体数据来看，以上证指数为例，短时间内股市累计最大下跌空间高达400点，而下跌幅度也超过了8%。至于创业板指数，其下跌幅度更是超过了10%，阶段性下跌幅度超过20%的股票比比皆是。

此时此刻，对于普通的满仓股民而言，即使遭到了阶段性的套牢，他们也可以守到股票解套的那一天。但是，对于那些动用高杠杆工具，尤其是使用高达数倍乃至10倍杠杆的股民而言，就无法享受到死抱股票等待解套的权利了。相反，只要他们手持的股票出现接连性大跌的走势，则这一类股民就会轻易引发平仓乃至爆仓的结果。

显然，在当时火爆的牛市行情中，不少股民对中国股市的走势是相当乐观的。更有甚者，还将指数看高至万点之上。但是，笔者认为，既然股市几乎离不开少数人赚钱的定律，那么，当绝大多数人极力看好股市之际，就预示着风险的临近。

不可否认，已被完全激活的中国股市，不可能从牛市瞬间转变为熊市。退一步来说，即使股市行情发生了重要性的转向，也需要市场经历一段时间去验证，方能确定市场的最终拐点。

但是，笔者认为，中国股民尤其是那些新入市的股民，应该要学会敬畏市场，不可盲目乐观，更不应该用“背水一战”的心态去迎接牛市行情。因为，未来市场的最终走向，始终存在着诸多的未知之数。在市场颇具不确定性的大环境下，轻易采取过度激进的操作策略，最终还是会重重地摔上一跤的。

7.6 4 000点之后，还有疯狂？

股市经过了几个交易日的剧烈震荡，2015年4月10日终于成功站稳了4 000点整数关口，并刷新了近年来的新高纪录。盘面上，当时两市涨停的股票超过100只，而跌幅超过3%的股票却寥寥无几，显示出市场依然具备极强的赚钱效应。

值得注意的是，在市场一片涨声之下，两市的百元高价股已经增加至35只以上。与此同时，两市低于5元的低价股，也仅剩不到15

只。由此可见，在股市持续疯狂的背景下，消灭低价股，拉升滞涨股，也就是意料之内的事情了。

市场最为担心的就是新股发行的问题。据数据统计显示，这轮新股发行的数量远高于以往同期，数量规模多达30只，累计冻结的资金规模也将超过之前几次。

笔者认为，对于新一轮新股发行的问题，其实无须过分担忧。

一方面，在市场新增流动性源源不断的影响下，新股冻结市场资金的影响不过是短暂性的。另一方面，两融工具打新已逐渐成为常态，而当时各大券商也纷纷推出了自家的“打新神器”，如此一来，既满足了市场投资者的打新欲望，同时也降低了市场分流资金的风险，可谓一举两得。

4 000点之后，不少市场投资者感到了恐惧。因为，近9个月以来，股市自低点上涨至今，累计最大涨幅已经超过了100%，而A股较H股的溢价率仍然高达24%以上，由此引发了不少投资者的担忧。

其实，对于市场而言，当时仍然以资金推动为主导。除此之外，最为关键的是，管理层对股市的表态依然积极，而官媒的纷纷发声，也从一定程度上认可了股市走牛对经济的积极影响。

因此，在政策环境以及市场环境仍未发生明显变化之际，市场仍会有新高出现。此时，投资者继续持股待涨即可。

对于投资者而言，因为持股的品种不一，容易产生不同的感受。对于部分投资者来说，其持有的股票并未跟随股市出现大幅飙升的走势，反而走出了持续滞涨的行情，由此有一种急于换股的心态。

对此，笔者认为，对于这类投资者，在当时盲目换股已经不是最明智的选择。因为，牛市走到这个时候，往往是考验投资者心理承受能力的敏感时点。按照牛市的运行规律，低价股和滞涨股往往都存在补涨的空间。显然，对于滞涨股而言，在现阶段，只要耐心持股，还是会有一定的投资回报的。相反，如果投资者现阶段放弃了这类股票，而去追涨前期大幅飙升的品种，一旦滞涨股开始出现补涨的走势，那就会后悔不已。

最后，谈谈后市。对于后市，市场运行状态依然良好，核心还是要盯紧政策环境的变化情况，其中官媒对股市的表态仍具有一定的参考意义。整体上看，4 000点之后，股市仍有新高可期。不过，4 000点之后，如果股市仍将延续疯狂式的上涨，恐怕会引来管理层的“出手打压”。

7.7 4 000点会是中国股市的一道天堑吗?

2015 年股灾期间，在国庆长假之后，A 股市场却出现了接连上涨的走势，并一度达到近3 300点的阶段性高点位置。自3 000点回升以来，短期市场的累计涨幅已经达到了 10%。

不过，节后这一轮上涨行情，实际上其反弹的高度也备受市场关注。其中，有相对乐观的投资人士认为，短期内市场冲击4 000点的可能性在不断加大。与此同时，也有部分激进的投资人士表示，A 股市场已经重返牛市行情了。

事实上，国庆节后首个交易日的走势，也在一定程度上深刻影响着随后 1 周乃至整个 10 月份的股市表现。

其中，在 2000 年、2006 年、2007 年、2009 年、2010 年以及 2014 年中，A 股市场在 10 月份的首个交易日中均录得了红盘的走势，而在随后1个月内，A股市场的表现也并不逊色，且最终是以月阳线结束整个10月份的行情。与此同时，根据数据统计，假如10月份的首个交易日中市场出现了绿盘的走势，则往往意味着整个10月份的市场走势也不会过于亮丽。然而，纵观以往的数据，当那一年10月份首个交易日出现了绿盘的走势时，当月市场收阴的概率也在明显增加。

由此可见，在10月首个交易日出现上涨的影响之下，2015年10月份的市场表现或许会有意外的惊喜。

但是，对于短期市场能否跨越4 000点整数关口，我们却需要进行更细化的分析。

当时的市场基本处于投资信心初步修复的关键阶段，市场投资信心本来就需要一个漫长的修复过程，而在市场投资信心修复的过程中也需要一个持续稳定的市场环境给予支持。

不可否认，经历了前期轰轰烈烈的“去杠杆化”过程之后，A股市场早已元气大伤，而前期市场艰难积累的人气根基，也早已被摧毁。

实际上，对于这轮非理性的下跌行情，其对A股市场的杀伤力基本远超于7年前的金融海啸。

究其原因，一来是市场容量发生了大规模的扩张，已较当时市场的容量增长了数倍。与此同时，在股市下跌的过程中，市场中的财富缩水却相当明显。二来则是随着高杠杆工具的全面激活，市场的整体杠杆率水平已经迅猛地提升。

确实，高杠杆工具不仅对市场产生助涨的作用，而且对市场产生助跌的冲击。由此可见，当市场出现了重要性的拐点时，则将会加大对市场的冲击力度。

虽然A股市场“去杠杆化”的过程已接近尾声，但这并不意味着“去杠杆化”后的A股立马就恢复了当时牛市的上涨动力。

显然，经历了前期的“去杠杆化”过程之后，杠杆资金对市场的撬动作用已经大打折扣，而市场潜在的新增流动性涌入预期也早已大幅减弱。如此一来，对于以资金推动为主导的A股市场而言，这其实也切断了它的上涨助推器。

此外，值得注意的是，经历了前期股市的大起大落行情之后，管理层早已意识到中国股市的巨大威力。对此，站在管理层的角度来看，在一个关键时期内，持续维持市场稳定的状态、降低市场整体的波动风险，或许就是最佳的选择。

笔者认为，短期市场的反弹行情，一方面是来自部分先知先觉资金的抄底行为，并由此加快了短期市场超跌之后的修复走势；另一方面则是由于短期市场估值风险已得到了较大程度的释放，而随着部分超跌错杀股票的估值优势逐步得到了市场的认可，也逐渐引发了市场阶段性反弹的行情。

但是，对于当时的市场而言，虽然市场政策性推动的影响效果正逐步显现，但当时市场的反弹走势仍然是以存量资金为主导，其反弹高度依旧有待观察。至于短期内市场能否冲击4 000点整数关口，笔者认为，就当时的市场环境来看，整体的难度仍然较大。或许，短期内市场逐步提升整体的运行重心，并逐步提振市场的投资信心，已经是最大的胜利。

7.8 我们在这次股灾中需要反思什么？

股灾期间，A 股市场给中国股民带来了沉重的打击。据数据统计，6 月 15 日至 7 月 2 日间，沪深两市市值蒸发了 16.43 万亿元，平均每天蒸发 1.17 万亿元。不可否认，仅仅用了 3 周的时间，股市就掉了1 000多点，这已然不是一次正常的调整，而是一次真实的股灾。

实际上，在指数暴跌超过 25% 的同时，多数股票的下跌幅度却更为惊人。其中，据数据统计，约有 570 只股票年内最低价较最高价跌幅超过了 50% 。而汉邦高科、金石东方、鲍斯股份、双杰电气等，其年内最大跌幅已经超过了 70% 。可想而知，这一次股灾的爆发，确实让不少股民遭遇了市值大幅缩水的惨状。

“放大利空，缩小利好”，是这次股灾的真实写照。

其实，在大约 1 周时间内，管理层也尝试了多项的救市举措，试图维系股市的稳定。但是，在这一次股灾中，市场并不理会这些所谓的救市政策，而是继续大幅下行。A 股市场已经跌破了4 000点整数关口，距离年内最高的5 178点已经越来越远了。

笔者担忧的是，随着股市下行动能的越发充足，恐将引发恐怖的多米诺骨牌效应。

就当时而言，市场已经深刻体会到杠杆市场的杀跌动能。但随着大量配资盘遭到清理，结构化高杠杆资金也逐步逼近风险区域。按照当时这一下行节奏，或将在不久的时间内，进一步威胁到两融客户资金的安全而引发疯狂的市场踩踏效应。

显然，在这一次股灾中，证监会的危机应急处理能力确实暴露出严重的漏洞。同时，在其随后的救市举措中，也似乎并未真正认清当时市场的运行形势，而继续维持新股高频率的发行节奏。

因此，在这样的大背景下，实则助长了部分大资金大机构大肆做空的气焰。与此同时，在市场投资信心迅速减退的环境下，也终将引发更大的市场风险。

通过这一次突发性的股灾事件，我们确实需要进行深刻的反思。

从普通股民的角度来看，纵观这轮股灾事件，其实绝大多数的股民基本难逃一劫，这也印证了“七亏二平一盈”的定律。

但在这次股灾爆发之前，其实市场已开始透露出不少的危险信号。退一步来说，假如当时股民的贪念并不是那么大，或许还能够逃离这一次股灾。

回顾暴跌一个月之前，市场也开始传递出一些值得股民警惕的信号。

例如，在2015年5月底，汇金首次减持四大行股份，之后还成为引发“5·28”暴跌行情的导火索。

事实上，汇金作为四大行的国有控股股东，其减持动作确实值得市场高度警惕。与此同时，在汇金减持四大行股份之前，证监会也多次强调了市场的投资风险，并警示了新股民的入市风险等。

除此之外，从市场波动的状况分析，实则也在过去2个月内逐步透露出一些明显的信号。

短短2个月内，股市的日均波动率明显提升，而其间市场也多次发生日内暴跌的走势。同时，在股市日内暴跌频率明显增长之际，A股的高估值压力也逐渐凸显。以当时的数据为例，在2015年5月底的时候，A股较H股的溢价率高达35%以上。可以预期，随着两地市场“互联互通”机制的逐步强化，未来两地市场之间的溢价率也有望进一步缩小，这实则加剧了 A 股市场的调整压力。

因贪变贫已经成为多数股民的真实写照，不少动用高杠杆工具的股民在本次股灾中遭遇了重创，甚至连自己的本金也亏掉了。因此，笔者认为，这一次的股灾，实则进一步暴露出股市的高风险性。显然，无论多么疯狂的牛市行情，最终还是离不开“七亏二平一盈”的定律。

第8章 救市逻辑

8.1 国家队救市，有何难言之隐？

从2015年6月中下旬调整开始，A股市场累计最大下跌幅度超过35%。不过，进入7月中旬以后，股市的下跌动能似乎略有减缓。但究其原因，还是得益于管理层的积极表态以及国家队的全力救市。

A股市场接连传出了国家队撤退的传闻。受此影响，股市立马做出了反应，并于2天内出现了超过10%的跌幅，前期艰难修复的市场投资信心瞬间溃散。

随后，证监会澄清了传闻，并加快了国家队进场的节奏。与此同时，十部委也罕见地发声力挺A股，并采取了相应的救市举措。至此，A股市场才略微企稳，但市场投资人气依然低迷。由此可见，这是一场前所未有的救市行动，而这一次救市举措也受到了全球各地的高度关注。

不可否认，随着大约一年来A股市场的迅速走强，结合沪港通、基金互认等举措的逐一落地，A股市场在国际上的影响力越来越大。然而，市场影响力日趋壮大的A股市场，其剧烈的波动走势，也会在很大程度上影响到国外部分证券市场的走势。

因此，中国国家队的救市举措，必然会受到各方的关注。然而，经历近半个多月国家队的全力救市，A股市场对国家队救市的依赖度也明显增强了。换言之，只要市场稍微传出国家队撤退的传闻，就会轻易让股市重新陷入弱势下跌的局面。

事实上，当时国家队全力救市的举措面临着一个尴尬的处境，同时此举也遭到了部分国家的质疑，那就是当时的国家队救市行动恰恰与我国市场化改革的进程有所背离。

或许，IPO将会在一段时期内无法启动，而注册制度也将会遭到无限期延迟。对于A股市场而言，实则已经大幅削弱它的融资功能。而在融资功能与投资功能同时受到削弱的大背景下，实则进一步压低了A股市场的投资吸引力。此外，这也将拖慢A股纳入MSCI的进程，而中国的人民币国际化战略也将受到或多或少的冲击。

笔者认为，2015年的牛市行情，可以认为是“杠杆牛市”。换言之，在杠杆牛市中，成也杠杆，败也杠杆。但是，在我国加快降杠杆化的大趋势下，实际上杠杆资金对股市的影响力也在不断降低。显然，在未来的时间内，如果管理层无法推出更有力的新增流动性补充工具，则意味着A股牛市已经大打折扣。甚至，可以认为，大牛市行情已经离我们越来越远了。

对于管理层而言，稳住市场是最直接的任务。但是，这并不意味着国家队资金就不会撤退。或许，在市场化改革深入推进的进程中，一旦股市投资与融资功能得到有效的修复，则正式宣告了国家队救市的任务到此结束了。

不过，就当时而言，A股市场的日均波动幅度依然较大，而市场的不确定性因素也相对较多。这直接制约着市场日后的反弹行情。

至于投资者信心的修复，也不会是一朝一夕就能完成的任务。因此，笔者认为，当时国家队救市的工作仍难以终结，而继续修复市场投资信心、逐步恢复市场投资与融资的功能才是当时管理层工作的重中之重。

8.2 国家队救市的结果，只会越帮越忙？

2015 年 7 月 7 日，A 股市场再度出现千股跌停的局面。不过，有意思的是，在当天市场大多数股票牢牢封死跌停板的大背景下，上证指数却小幅下跌 1.29%，并稳守在3 700点整数关口之上。然而，当天其他市场指数的表现就不尽如人意了。其中，深证成指重挫 5.8%，中小板指数暴跌 6.19%，而创业板指数也大幅下挫了 5.69%。

实际上，在指数出现明显分化的环境下，有一批市场权数占比很大的权重股在支撑着市场的行情。纵观 7 日的盘面，银行、保险以及石油等权重板块涨幅居前。其中，银行板块暴涨了 6.57%，而保险板块也大幅飙升了 9.13%。至于备受市场关注的“两桶油”，同样出现了逆势大涨的走势。

以中国石油为例，在股市运行重心不断下移的同时，其股价却出现了逆势大幅飙升的格局，其间累计最大涨幅已经超过了 30%，其最高价格也一度突破 14 元关口。

显然，这批大盘权重股逆势大涨实则起到了虚拉指数的作用，但是在市场指数严重失真的大环境下，却无法掩饰多数股票大跌的惨状。

回顾过去，每逢市场出现大幅下挫的行情，大资金大机构总想借助这类市场权数占比庞大的权重股来撬动市场指数，从而掩饰多数股票暴跌的现状。然而，在这类权重股逆势大幅飙涨的背后，实则给市场带来几方面的负面冲击。

其一，虚拉指数，指数无法真实反映出市场暴跌的惨状。

其二，大资金大机构把“两桶油”、银行股等权重品种作为撬动指数的工具。但是，随着护盘力度的削弱，大资金大机构却从中抽离资金，再度借助这类股票打压市场，实则为后市带来更猛烈的下跌动能。

其三，猛拉超级权重股票来撬动指数，成为国家队在二级市场上典型的救市行为。但是，因这类权重股票的市场影响力巨大，而在其拉升过程中，实则间接压缩了其他中小市值股票的流动性，由此加剧了这类股票的流动性危机。

随着 A 股市场的下跌速度越来越快，市场的累计下跌幅度超过了30%。但是，在股市暴跌的背后，实则已经演变为一场恶性循环的暴跌行情。

据统计，从5 178点下跌至今，市场已经基本清理掉大多数的场外配资资金，同时也给部分结构化高杠杆资金带来了巨大的平仓压力。不过，随着指数跌破3 500点关口，市场的下跌也逐步波及股权质押，甚至是两融等资金。

值得注意的是，经历了这一轮的恶性清洗，市场深刻感受到证监会对“去杠杆化”出手过猛的冲击力。但是，经过这一轮的野蛮清洗，实则也把艰难构造起来的牛市环境毁掉，市场的投资吸引力前所未有地降低了。

或许，这还不是最可怕的。笔者担忧，随着 A 股市场暴跌行情的延续，或将引发多米诺骨牌效应。届时，就不是简单的股票市场暴跌的问题了，而是涉及经济、社会等多领域问题。

笔者认为，证监会“去杠杆化”出手过猛、用时过短，是这轮暴跌行情的导火索。而在股市暴跌的过程中，被妖魔化的股指期货工具却起到了强悍的助跌功能。

显然，虽然股指期货工具已在我国运行了多年的时间，但是其制度漏洞却一直没有得到有效的解决。

其中，最为典型的是股指期货期现交易制度的不对称性。一方面，是期货市场设定为“T+0”交易模式；另一方面，则是现货市场长期存在的“T+1”交易模式。如此一来，在期现不对称的交易模式下，实则方便了空头借助期指的制度漏洞来达到恶意做空、牟取暴利的目的。

与此同时，过去沪深300股指期货合约的最低交易保证金为12%，即实行8倍左右的杠杆率。但是，在近两年颁布的《中国金融期货交易所沪深300股指期货合约交易细则》中显示，将沪深300股指期货合约的最低交易保证金由12%调整为8%。

或许，站在当年的角度思考，调整股指期货合约的最低交易保证金能够促进市场的发展，激发市场的活力。但是，在当时单边暴跌的市场环境下，管理层需要对相关规则进行灵活调整，并及时提升股指期货的保证金比例等，否则做空资金借助这一系列工具的漏洞，就能够轻易达到恶意做空的目的。

就当时而言，中国股市已基本处于失控的状态，国家队的救市似乎并没有从本质上解决掉市场上的病根，反而有一种“越帮越忙”的感觉。因此，面对当时失控的A股市场，要么就得抓住病根大力救市，修正制度漏洞，要么就得直接采取“休市”的举措，以免把股灾的巨大风险逐步传导至其他重要的领域之中。

8.3 重磅利好降临，A股为何还是高开低走?

管理层连放救市大招，例如暂停IPO、汇金公司表示继续相关市场操作以及央行将通过多种形式给予证金公司流动性支持等。

除此之外，在2015年7月4日当天，21家证券公司召开了会议，决定出资不低于1 200亿元，用于投资蓝筹ETF，并承诺上证综指4 500点以下自营股票不减持。与此同时，25家公募基金公司也于同一天召开会议，并表示有信心维护资本市场稳定健康发展等。

A股市场的利多消息云集，本来应该会给股票市场带来强有力的提振。但遗憾的是，市场似乎并不买账，而是以持续下挫的姿态来回应市场。就以7月6日为例，在诸多重磅利好的刺激下，A股市场却呈现出高开低走的格局，全天震荡幅度高达10%！

那么，在重磅利好纷纷降临之际，A股市场为何还是高开低走呢?

实际上，从当天市场的盘面情况分析，不少股票经历了从涨停到跌停的过程，全天震荡幅度高达20%的股票比比皆是。与此同时，在指数运行重心不断下滑的过程中，大资金借助“石化双雄”以及银行等权数占比很大的品种来撬动市场指数，并以此来达到虚拉指数的目的，但带来的却是指数严重失真的尴尬局面。

截至收盘，市场中跌停股票依然为数不少，而各大指数的最终收盘情况也呈现出严重的分化表现。其中，上证指数上涨89点，而深

证成指下跌170点，至于创业板指数，也大幅下挫了111点。

暂停IPO，本来属于重大性利好，同时，这一项政策的落地，实则平缓了不少投资者的悲观情绪。然而，市场并未因此出现明显回升的行情，这又是为什么呢？

笔者认为，前期A股市场新股发行节奏过快，抽血过多，同时市场的监管不力等，是导致股市快速走熊的一个原因。但是，这并非主因。

事实上，纵观前几个月，A股市场正在上演一场轰轰烈烈的“去杠杆化”行动。其间，证监会不仅强调证券公司不得以任何形式参与场外配资、伞形信托等活动，同时也对相关的配资活动进行了严厉的打击。

不可否认，经历了这一场“去杠杆化”的行动，市场恶意提升资金杠杆的行为也明显地收敛。但是，因证监会“去杠杆化”的力度过猛，由此引发了市场资金的连锁反应，最终加剧了股市的波动风险。

按照国外成熟市场的做法，其“去杠杆化”的周期是相当漫长的。显然，在杠杆市场中，股市的命运基本属于“成也杠杆，败也杠杆”。换言之，一旦管理层在很短的时间内用过猛的力度来实现“去杠杆化”，则最终产生的冲击是不堪设想的。不过，最致命的，莫过于对市场流动性的迅速冲击。

就当时而言，这一场股灾的爆发，实则与证监会“去杠杆化”用力过猛、用时过短有着或多或少的关系。不过，此时引爆的仅仅是1:3以上的杠杆比率资金，而随着股市的持续下行，恐将波及1:2乃至1:1的杠杆资金。

据了解，当时券商两融规模接近2万亿元，而伞形信托及场外配资规模也高达上万亿元。除此之外，还包括了其他多渠道的杠杆资金，涉及总规模或达到6万亿元以上。可以想象，一旦市场引发大规模高杠杆资金的平仓风险，则后果也是无法想象的。

重磅利好降临，市场却演变成资金大逃亡的局面，由此可见，即使是国家队高级别的救市行动也难挡资金踩踏的巨大压力。显然，此次大级别的救市行动，管理层似乎错过了最佳的救市时间。

或许，随着一系列重磅利好政策的落地，市场会逐步形成一个阶段性的“政策底”。但是，在未来不可估量的杠杆资金平仓乃至爆仓的巨压下，真正的“市场底”恐怕还未出现。更悲观地看，持续不到1年的A股牛市，实则已经被强行打回到熊市了。因此，此时急于抄底的投资者，仍需紧盯市场变化局面，提防在抄底的过程中阵亡！

8.4 为应对股灾，管理层终于下了猛药！

2015年7月，股市暴跌1 500多点，累计最大跌幅接近30%。事实上，与指数跌幅相比，多数股票的下跌幅度更大。其中，遭遇“腰斩”的股票也为数不少。

在市场一片悲观的氛围下，7月4日晚间，据媒体报道，国务院会议决定暂停IPO，并由证监会执行。与此同时，据消息指出，在申购的10家公司，已经全部接到了通知，将在7月6日资金解冻后将申购款全部退还。

除此之外，21家证券公司7月4日召开会议，决定出资不低于1 200亿元，用于投资蓝筹股ETF，并承诺上证综指4 500点以下自营股票不减持。而25家公募基金公司也于当日召开会议，分析当时资

本市场形势和基金行业总体态势，表示有信心维护资本市场稳定健康发展。

显然，这是一个重大的救市举措。同时，因这次国家救市的力度够大，够及时，或将会给短期股市带来强烈的报复性反弹预期。

实际上，在此之前，管理层已逐步意识到股市的下跌风险，并做出了一系列的救市举动。

2015 年 6 月 27 日，央行意外宣布自 6 月 28 日起金融机构实施定向降准并降息 0. 25 个百分点。虽然此次央行降准降息已经出乎了市场的预料，但仍未给股市带来或多或少的提振。

7 月 1 日晚间，证监会下发了多道救市令牌。其中包括下调市场交易费以及过户费率，并扩大了证券公司的融资渠道，拟进一步拓宽证券公司的融资渠道。与此同时，证监会还提前发布两融管理办法，强调了券商可自主决定强制平仓线，不再设置 6 个月的强制还款期限等。

值得注意的是，当时也有多家上市公司宣布获得重要股东增持，而 TCL 集团也率先公布了股份回购的计划。

不过，遗憾的是，在多道救市令牌的影响下，A 股市场仍旧延续非理性的杀跌动作，市场再度创出调整以来的新低。

到了 7 月 3 日盘后，面对“跌跌不休”的 A 股市场，管理层再度放出大招。其中包括了暗示减少 IPO 数量，强调证金公司将大幅增资扩股、维护资本市场稳定，以及确定中央汇金已入市操作等。

不可否认，在大概 10 天内，管理层确实意识到股市非理性暴跌的风险。但是，在当时“放大利空，缩小利好”的市场环境下，管理层挤牙膏式的救市方式，似乎起不到明显的作用。显然，应对突发性的股灾，只有重拳出击，及时出手，才能够及时控制股灾的风险，尽可能维护我国金融市场的稳定性。

笔者认为，用时不到 3 周的时间，股市暴跌超过1 500点，这确实是一场股灾。但是，这并不是最可怕的，可怕的是，随着股市的进一步加速暴跌，或可能引发多米诺骨牌效应，甚至影响到我国金融市场的稳定性。

一般而言，半年线属于股市中的牛熊分界线。市场仅仅耗用了 10 多个交易日，即已实现一举击穿多条重要性均线的目标。与此同时，随着股市的大幅下行，1∶4 以及 1∶5 以上的高杠杆比率客户遭遇了全面性的清洗。而对于部分结构化高杠杆资金客户而言，其平仓风险也明显大增。

显然，若继续容忍股市任性暴跌，恐将波及采用 1∶1 杠杆比率的两融客户。退一步来说，一旦这类两融客户遭遇平仓风险，则将会进一步加剧市场的踩踏效应，甚至引发股市风险蔓延至其他重要领域。

此时此刻，国务院会议决定暂停 IPO，这确实是一项重磅利好。回顾前几轮管理层暂停 IPO 的数据，在其暂停 IPO 之后，A 股市场也基本维持在一个相对稳定的区间。纵观历史数据，管理层暂停 IPO，对股市而言，还是利大于弊，涨多跌少的。

确实，在疲软的市场下，加快新股的发行节奏，无疑会对股市造成本质上的冲击，甚至还会毁掉艰难构建起来的牛市环境。因此，管理层选择在这个时点及时采取暂停 IPO 的举措，确实会给当时疲软的 A 股市场带来一定的提振，进而逐步修复投资者的投资信心。

显然，为应对股灾，国家在关键时刻，做出了正确的救市动作，确实值得点赞。但是，对于投资者而言，因当时股市仍然处于极不稳

定的状态，所以仍需要谨慎看待，不要好了伤疤忘了疼!

8.5 什么利好才能挽救垂死的A股?

A股市场长期处于“熊长牛短”的格局，然而，在实际操作中，牛市顶部总是在市场一片乐观的氛围下产生，而熊市大底也往往在一片悲观的氛围下出现。涨时过急，跌时过快，是2015年A股市场的真实写照。这对于历经牛熊转换的资深股民来说，早已习以为常了。

A股市场出现了接连暴跌的走势，其间股市累计最大跌幅达到了25%。至于备受市场关注的创业板指数，其累计最大跌幅接近30%。不过，对于市场中的交易股票而言，过去2周出现“腰斩”的品种却为数不少，绝大多数的股民都遭遇了市值大幅蒸发的困局。

显然，面对持续暴跌的股市，不少股民已经开始怀疑A股牛市是否已经终结。与此同时，亦有股民认为，当时的A股市场早已进入熊市行情。

一般而言，“年线”被部分股民认定为典型的“牛熊分界线”。不过，在实际操作中，更多股民愿意把半年线作为“牛熊分界线”。确实，以半年线作为参考标准，其代表性意义也相对显著。

截至2015年7月1日收盘，以上证指数为例，市场的半年线位置约为3 936点，而年线则位于3 139点的位置。由此可见，随着股市的持续暴跌，市场也一度跌破了半年线的强力支撑。换言之，在随后的交易时间内，如果市场再度有效跌破这一重要支撑位置，则暗示着延续近1年的牛市将受到重大考验。

多数股民确实感到了困惑与无奈。

一方面，是杠杆市场的调整压力持续增大，而市场融资盘也呈现加速出逃的迹象；另一方面，则是证监会继续维持原有的新股核准节奏，进一步打压股民的投资信心。

以前者为例，建立在高杠杆资金之上的A股市场，却面临着巨大的“去杠杆化”压力。随着市场融资盘的加速出逃，沪深两融余额也从之前最高近2.3万亿元回落至2万亿元附近的水平。除此之外，随着市场“去杠杆化”力度的持续加大，两融客户维持担保比例低于130%而遭遇强平的比例也开始呈现出加速飙升的局面。

再以后者为例，自2015年5月份以来，A股市场的新股发行节奏明显地加速。其中，证监会核准新股的节奏也从原来的1个月核准1批调整为1个月核准2批。同时，一批大盘IPO的来袭，实则加大了市场的融资压力。

在7月1日晚间，证监会发布公告称，6家公司首发申请获通过，其中包括了大盘股江苏银行。据了解，本次江苏银行在上交所发行股数不超过26亿股，发行后总股数不超过130亿股，募资或将高达400亿元以上。

不过，按照这一发行节奏，估计在不久的时间内，中小银行IPO的步伐也将会明显提速。就当时而言，杭州银行、上海银行、贵阳银行、成都银行等，已经提交申请，并已基本处在“已反馈”的状态。

除此之外，值得股民关注的是，随着两地市场“互联互通”机制的逐步完善，未来A股市场的资金分流压力还是不可忽视。

其中，就在2015年7月1日，中港基金互认政策的正式落地，实则大幅拓宽了两地居民的投资渠道，利于其资产的多元化配置。随着政策配套措施的进一步完善，未来或将倒逼更多的内地资金前往港股

市场。

与此同时，深港通的推进力度仍在不断强化。估计在不久的时间内，深港通启动、沪港通额度扩大等举措也将会逐一实现。

显然，就当时两地市场的折溢价率状况分析，即使A股市场出现了大幅暴跌的走势，但A股的估值与H股的估值之间仍存在很大的差距。对此，与相对高估值的A股市场相比，未来港股市场的低估值优势或将进一步引起更多的内地资金关注，进而起到分流A股市场资金的作用。

股市接连暴跌，累计跌幅超过20%，令不少股民遭受了巨大的市值损失。但市场最关心的，却是国家救市的问题。

7月1日晚间，交易所发布降低A股交易结算相关收费标准的公告。

具体来看，沪、深证券交易所收取的A股交易经手费按成交金额的0.0696%计算。双边收取调整为按成交金额的0.0487%计算。双边收取，降幅为30%。与此同时，中国证券登记结算公司收取的A股交易过户费由当时沪市按照成交面值的0.3%双向收取、深市按照成交金额的0.0255%双向收取，一律调整为按照成交金额的0.02%双向收取。

显然，这一降费政策，实则利多于A股市场。不过，印花税下降消息的落空以及大盘IPO频繁来袭的消息，却给A股市场带来另一番的压力。

或许，在未来市场化改革的大趋势下，让市场按照自身的规律进行自我调节，可能是最佳的策略。但是，笔者认为，对于当时已经相对失控的A股市场而言，证监会的举动足以影响到A股市场的命运。

对此，笔者认为，此时的证监会与其采取口号式的安抚手段，还不如尽快认清当时的市场形势，及时调整新股发行的节奏。

因为，从本质上看，新股发行节奏的加快，结合大盘 IPO 的频发，这庞大的市场融资压力已经深刻冲击了市场的运行趋势，与此同时，也对股民的投资信心构成了极大的冲击。

所以，就当时而言，减缓新股发行节奏，延迟大盘 IPO 的发行上市时间，或将成为当时 A 股市场最后的救命稻草了。

8.6 到底该不该暂缓 IPO?

大约 2 周的股市暴跌，引起了市场的广泛热议。对此，也有部分人士将股市暴跌的主因归咎到 IPO 身上。

笔者认为，股市暴跌，其实是由于多重因素的综合影响。但是，从另一种角度去分析，近 2 个月市场 IPO 节奏的持续加快，确实对市场的投资信心产生了本质性的冲击。

实际上，自 2015 年 5 月份起，A 股市场的 IPO 节奏已从原来的 1 个月核准 1 批调整为 1 个月核准 2 批。然而，就在 6 月 24 日晚间，证监会又再度核发了 28 家企业的首发申请，但距离上一次 IPO 核准批文的下发也仅仅间隔了 15 天左右的时间。

根据权威数据统计，在 2014 年下半年，证监会分 7 批下发 79 家 IPO 批文，月均 10 多家。2015 年以来，证监会下发 IPO 批文的次数也较 2014 年下半年增加不少。其中，年内证监会已经下发了 9 批 IPO 核准批文，涉及 218 家企业。A 股市场 IPO 的月均核准数量已经大幅飙升至 50 家左右。

值得注意的是，在IPO发行节奏明显加快的同时，大盘IPO也开始频繁来袭。在5月22日证监会核准的23家企业中，就包括了中国核电这一大盘IPO。而在6月9日证监会核准的24家企业中，也包括了国泰君安这一大盘IPO。由此可见，当时A股市场新股发行呈现出两种典型的现象：一方面，IPO数量呈现出大幅增长的态势；另一方面，大盘IPO密集出现，涉及冻结资金规模也较以往出现大幅度飙升。

笔者认为，前期证监会实施对IPO提速的举措，实则是采取市场化的手段来调节当时市场过快的上涨节奏。与此同时，借助IPO的提速，进一步缩小新股发行的间隔时间，降低投机资金中间的喘气时间，最终起到减缓市场上涨步伐的作用。

但是，随着市场的运行节奏发生了重大的转变，证监会也理应合理调整IPO的发行节奏，以适应当时市场的健康运行。

显然，站在管理层的战略高度来看，暂停IPO的可能性并不大。因为，一旦市场暂停了IPO，则意味着A股市场注册制全面铺开的进程将会受到冲击。同时，也可能会让之前的牛市成果大打折扣。

不过，笔者认为，即使IPO无法停止，证监会也必须适应市场的发展形势，减缓IPO的发行节奏，或者推迟大盘IPO的发行上市时间，以达到修复市场投资信心的目的。

确实，经历了非理性暴跌的A股市场，已经不能再度承受太多的负面冲击。与此同时，投资信心再度降至冰点的市场投资者，也无法忍受股市持续暴跌的风险。因此，如果证监会仍旧维持现有1个月核准2批新股的节奏，则恐怕会对现在以及将来的股市形成沉重的负担，最终还可能摧毁掉A股牛市的前程。

8.7 中国股市要失控了吗？

股市暴跌，央行突然出手救市，给股民带来了一丝希望。

虽然央行意外出手，但仍然无法挽回投资者的投资信心。回顾 A 股市场的表现，其中，上证指数盘中最大跌幅超过了 7%，并一举跌破3 900点关口，最低探至3 875点。至于创业板指数，盘中最大跌幅更是接近 9%，达到了全线跌停的状态。

截至收盘，上证指数依旧下挫 3.34%，深证成指暴跌 5.78%。至于中小板以及创业板指数，则继续成为市场的重灾区，分别暴跌了 6.61% 以及 7.91%。

值得注意的是，继 A 股市场出现逾2 000只股票封于跌停之后，市场仍然延续着这一恐慌的情绪。截至收盘，两市逾1 500只股票封于跌停的位置，市场的恐慌情绪仍有进一步蔓延之势。

除此之外，A 股市场也无法避免市值大幅蒸发的局面。根据不完全数据统计，A 股市场市值蒸发超过 12.1 万亿元，而投资者人均损失也达到了 13.5 万元。

事实上，在这轮暴跌行情之前，A 股市场也出现过单日暴跌的行情。其中，“5·28” 暴跌事件让不少投资者记忆犹新。而在大约 2 个月的时间内，A 股市场出现单日暴跌的次数也较以往多出了不少。

随着 6 月中下旬股市的突然转向，实则让不少投资者无法适应。其间，利润损失过半的投资者不在少数，而亏掉之前所有利润，乃至影响到自身本金的投资者数量却逐渐增多。

与此同时，盲目动用高杠杆工具的投资者，成为这轮调整行情之

中，摔得最痛的群体。

其中，借助民间配资渠道进行大比例配资的投资者，已经有不少遭遇平仓乃至爆仓的风险。而动用结构化高杠杆工具的投资者，则逐渐遭遇大规模平仓的风险。

如果按照市场这一下行节奏继续发展，恐将随时波及券商两融的客户。届时，若引发大面积的两融平仓风险，或将引发进一步的市场踩踏效应，最终加剧股市的波动。

显然，面对波动率持续飙升的A股，日均数百点的跌幅已逐渐变成常态现象。但是，在这一现象的背后，实则暗示了股市存在失控的风险。退一步来说，如果市场引发可怕的多米诺骨牌效应，则其影响力将会呈现出倍数式的扩张，甚至还可能会影响到我国金融系统的稳定。

央行超预期地出手救市，却无助于股市止跌，这确实是一种可怕的信号。显然，虽然央行的“药量”加大，出手果断及时，但仍旧无法挽回已降至冰点的市场投资信心。此时此刻，市场实则处于“放大利空，缩小利好”的阶段。换言之，在市场处于极度恐慌的氛围下，一系列的利好消息却被空方无情地压缩。

笔者认为，在这个时候，市场已经到达牛熊分界线的位置。退一步来说，如果此时市场失守这一关键区域，则意味着A股市场将再一次回到熊市之中。更可怕的是，一旦股市重新陷入熊市，则暗示着我国经济转型及注册制全面铺开的进程或将无限期地拖延。

因此，鉴于当时的敏感情况，笔者认为，管理层确实需要格外重视。对此，有几大举措值得管理层去积极考虑。

其一，汇金出手增持，向市场释放出稳定的信号。

回顾2015年5月底，汇金首次减持了四大行的股份。随后，A股市场出现了单日暴跌的行情。此时，汇金减持成了5月28日股市暴跌的导火索。

时隔1个月，A股市场暴跌近25%，市场估值压力也大幅地降低。此时此刻，如果汇金出手增持，则有利于市场的逐步企稳，同时传递出股市做多的信心。

其二，减缓新股发行节奏，由1个月核准2批调整为1个月核准1批。

实际上，自2015年5月起，证监会也加快了新股发行的节奏，从原来的1个月核准1批调整为1个月核准2批，而每月市场的新股发行规模也飙升至50家左右。与此同时，大盘IPO的频繁来袭，实则极大地加大了市场的负担，也使A股牛市的成果大打折扣。

随着A股投资信心的迅速降低，新股发行节奏也需要及时调整，或恢复为原来1个月核准1批的节奏，以逐步修复市场的投资信心。

其三，暂时减缓股市“去杠杆化”的节奏，给市场一个喘气的机会。

证监会在股市“去杠杆化”方面下了狠功夫，而对场外配资的打击力度增强，实则提升了市场的恐慌情绪，加剧了市场的短期波动。与此同时，作为多数场外配资接入口的恒生HOMS端口也基本暂停了新客户HOMS开通的请求，这实则进一步强化了市场“去杠杆化”的压力。

其实，证监会加快股市“去杠杆化”的进程，本意是为了A股牛市能够走得更慢、更长。然而却因短期打击力度过大，用力过猛，瞬间扩大了市场的恐慌情绪，给市场造成了致命性的伤害。

因此，在当时股市濒临失控的状态下，证监会也需要考虑到市场自身的承受能力，适度减小“去杠杆化”的力度，给市场一个喘气的空间。

8.8 央行大动作，能把A股救活吗？

股市接连暴跌，这是当时A股的真实写照。其中以上证指数为例，自6月12日创出5 178点高点之后，在短短2周的时间内，指数下跌了1 039点，累计最大跌幅高达20%。而同期创业板指数的跌幅更为惊人。其中，自创业板指数在6月5日创出4 037点高点之后，指数累计最大下跌空间高达1 122点，跌幅更是达到了28%。

或许，暴跌行情给不少新股民带来沉重的打击，更有甚者，表示这是要崩盘的节奏。不过，对于那些经历过2007年“5·30”暴跌行情的老股民而言，这样的情景则见怪不怪了。

从数据上对比，实际上，这轮暴跌行情基本达到了2007年“5·30”暴跌行情的最大调整幅度。具体来看，以当时的上证指数为例，指数从高点4 335点一度下跌至最低的3 404点，用时仅为5个交易日，累计最大下跌幅度达到了21.4%。然而，在随后的交易时间内，指数却出现了探底回升的走势，但市场在这一区域内仍进行了近2个月的调整。

“成也杠杆，败也杠杆”，实际上，针对这轮牛市行情，其上涨速度之快确实惊人。但同样，其过快的下跌速度也让市场见识了杠杆的威力。

鉴于此次暴跌行情，虽然市场的下跌仅耗用了2周的时间，但却足以引爆诸多的风险。此时此刻，部分高位建仓的配资资金已经面临着爆仓的风险。而作为多数场外配资接入口的恒生 HOMS 端口也基本暂停了新客户 HOMS 开通的请求，由此进一步强化了市场“去杠杆化”的力度。

其实，退一步来说，假如市场继续延续全面暴跌行情，则其引发的风险也就不可估量了。

按照当时市场的高杠杆资金比率，民间配资盘将会面临强行爆仓的风险。与此同时，市场也将会引发大范围的伞形信托平仓现象。除此之外，备受市场关注的券商两融，也会因市场下跌过急而受到重创。

事实上，就当时而言，虽然市场的下跌并未大面积影响到券商两融的客户，但是，市场的暴跌却已引发部分两融客户的维持担保比例接近了警戒线的风险。换言之，若市场继续任性下行，恐将引发大范围券商两融客户的平仓风险，最终引发市场的恶性循环，甚至影响到国内金融市场的稳定性。

或许，管理层已经逐步意识到股市接连暴跌后的潜在风险。就在 2 天时间内，央行突然宣布“双降”，即自 6 月 28 日起金融机构实施定向降准并降息 0. 25 个百分点。

实施这一突发性的政策，本意是进一步支持实体经济的发展，促进结构调整。但笔者认为，央行突发性出台“双降”政策，实则是因为看到了股市暴跌的潜在风险而有意出手相救。

确实，央行“双降”政策落地之后，市场的恐慌情绪似乎在一定程度上得到了缓解。值得一提的是，此次“双降”政策的推出，确实与以往央行的救市力度有所不同。其不同之处就在于“药量”加大，出手及时。回顾上一次央行的“双降”举动，已是7年之前的事情了。

对于A股而言，核心还是在于市场信心。然而，决定着市场信心变化的关键性因素，一方面是证监会对股市“去杠杆化”及新股发行节奏的表态，另一方面则在于央行的政策转向。

显然，对于前者，证监会并未因股市的暴跌而减缓其“去杠杆化”的力度，同时，也并未因股市的暴跌而减缓新股发行的节奏。

但是，对于后者，央行的突然出手虽然及时，但也无法真正有效提振市场的投资信心。

笔者认为，经历过前2周的股市暴跌行情，市场的投资信心再一次降至冰点。虽然央行已下了猛药救市，但市场还在紧盯着证监会的表态。换言之，如果证监会仍未改变原来的态度，则股市的投资信心依然很难迅速地恢复。

显然，能否把A股救活，仅靠央行的努力是不够的，市场还要看证监会的举动。

8.9 银行股为何对重磅利好视而不见?

2015年6月26日，A股市场再一次踩中了“黑周四魔咒”。截至当天收盘，沪深两市均下跌超过3%，其中，上证指数盘中更是跌破了4 500点整数关口。

事实上，就在6月24日晚间，市场也曾因一项重磅政策而备感兴奋。当晚消息称，国务院常务会议通过了商业银行法案修正案，删除存贷比不超过75%的规定，将存贷比由法定监管指标转为流动性监测指标。这实则给银行，尤其是中小银行带来了较大的提振，而从银行股的市场权数占比分析，本应会对周四的股市形成一定的刺激。

然而，25 日的股市表现并不如人意。最终，市场毫不留情地留下超过 162 点的巨阴线，扑灭多方的信心。

存贷比取消，本来属于一项重磅利好政策。但是，为何政策出来了，A 股尤其是银行股却对其视而不见呢？

笔者认为，存贷比的取消，一方面，对中小银行有利，对这类银行起到了一定的压力松绑作用；另一方面，则利于提振未来银行的放贷预期，尤其是会对小微企业等带来不可估量的影响。

不过，更为关键的是，随着存贷比的取消，长期依存的银行高息揽存现象也将会在一定程度上减少，这也会间接对社会的融资成本起到一定的减缓作用。

但是，实际上，当时存贷比取消的政策仍然属于未经人大审议通过的状态，即距离其真正落地仍有一段较长的时间。

值得注意的是，在当时利率市场化逐步深入的过程中，存贷比取消已经是一种大趋势。而在实际操作中，部分银行出于风险防范的考虑，其放贷力度将会趋于谨慎，由此也会降低政策的预期影响。

6 月 25 日，A 股市场中多数的上市银行股基本走出了高开低走的走势。截至当天收盘，银行板块下跌 1.75%。而在板块内，也仅有南京银行以及宁波银行出现红盘的走势。

谈及 A 股市场中的上市银行股，其实给不少投资者留下了不太好的印象。从二级市场的表现分析，以 2015 年为例，上证指数年内涨幅超过 40%。但是，银行板块却录得了 6.38% 的年内涨幅，远远跑输市场的同期表现。至于投资者熟悉的农业银行、建设银行以及中信银行等，更是录得年内下跌。

随着国内银行业的垄断格局得以扭转，上市银行的盈利增速也逐渐出现了关键性的拐点。显然，对于国内上市银行而言，若依旧采取以往的经营模式，必将会在未来的竞争环境中处于劣势的地位。对此，伴随着我国利率市场化的深入推进，国内银行，尤其是国内上市银行也积极进行了多项重大改革。其中，银行混业改革以及混合所有制改革等都是关键性的看点。

以银行混业改革为例，就当时而言，基金、保险、金融租赁等牌照基本已向银行放开。由此可见，券商牌照放开将会是大势所趋。

据了解，银行很可能最快在 2015 年下半年获得券商牌照，实现金融全牌照的目标。不过，按照当时银行混业改革的进程，银行通过收购等形式来获取证券牌照的可能性更大。实际上，部分银行已经开始做出重要性尝试。对此，可以预期，随着金融全牌照的逐步落地，未来上市银行间的竞争也将会更加激烈，由此会进一步倒逼其深入改革及转型。

再以银行混合所有制改革为例，实际上，在这一改革中，交通银行已经拉开大型商业银行混合所有制改革的大幕。

具体来看，即在 2015 年 6 月 16 日，交通银行深化改革方案已经获得国务院批准同意。方案中包括了探索引入民营资本、探索高管层和员工持股等重要内容，下一阶段或将加快倒逼其他大型商业银行进行混合所有制改革。

实际上，大型商业银行进行混合所有制改革已经处在迫在眉睫的阶段。确实，对于大型商业银行来说，借助混合所有制改革，一方面，有利于其公司治理的逐步完善，同时还能借助拓宽民资进入银行业的渠道，来优化银行的股权结构，激发其发展活力。另一方面，则有利于提升大型商业银行的核心竞争力，加快其改革与转型，最终提升整体的盈利预期。

不过，笔者认为，即使国内上市银行股存在强烈的改革预期，其仍然处于“摸着石头过河”的阶段。

从基本面角度分析，上市银行股的盈利预期不明朗，实则也让大资金大机构处于进退两难的格局。从市场的角度判断，因银行股备受机构、散户青睐，容易形成“机构掐架”的尴尬局面。因此，在这一背景下，谁也不愿意去做救世主。退一步来说，一旦部分大资金快速把股价拉起来，就会引发大量的抛压，最终大幅抬升资金做多股价的综合成本。

因此，在实际操作中，大资金大机构更愿意借助这类品种市场权数占比很大的特征，来直接或者间接操控市场。如此一来，银行股就演变成为大资金大机构操控股市的重要工具。

8.10 证监会“动真格”，杠杆牛市前景如何？

2015 年 6 月 25 日之前大约 1 周时间内，A 股市场经历了接连暴跌的走势。其间，以上证指数为例，其自最高的5 178点下跌至最低的4 264点，累计最大下跌幅度超过 17%。至于创业板指数，其间累计最大跌幅更是超过了 21%。

在短时期内，大盘出现如此惊人的跌幅确实让市场大跌眼镜。与此同时，在 A 股市场大幅暴跌的背景下，全球股票市场也受到了冲击。由此可见，随着 A 股市场的国际影响力提升，其对全球股票市场的影响度也水涨船高。

回顾这一轮暴跌行情，实则对投资者，尤其是那些动用高杠杆工具的投资者而言，影响相当深刻。显然，在高杠杆工具全面激活的大背景下，市场的大幅暴跌必然会引发融资盘的疯狂出逃。此时此刻，也进一步加剧了市场的踩踏效应，加快了市场的下跌速度。

或许，可以这样认为，在大约 1 周 900 多点的暴跌行情中，伤得最重的，莫过于场外配资资金以及结构化的高杠杆资金。

按照普遍的情况来看，与券商两融相比，场外配资的杠杆比率相当高。其中，不少配资公司能够给予 1∶5 以上的杠杆比率。更有甚者，还可以给予超过 1∶10 的杠杆比率。至于部分结构化的高杠杆工具，同样也能够给予投资者 1∶2 乃至 1∶3 以上的杠杆比率。

换言之，只要市场下跌幅度超过 15%，而这些场外配资资金却无法做出及时止损的策略，就会轻易被平仓乃至爆仓。

在实际操作中，市场指数下跌超过了 15%，而多数股票下跌幅度基本超过了 30%。可想而知，在这一轮暴跌行情中，那些无法及时止损的配资资金乃至结构化高杠杆资金需要承受沉重的代价。

虽然市场已经出现明显的回升走势，但是对于部分高杠杆资金而言，实则已将之前辛苦累积的利润全部归还给市场，甚至连本金也丢了。仔细想想，其实，借助这次暴跌行情，能够给这类丧失理智的投资者敲响警钟，让他们重归理性。

不过，事实上，在这轮暴跌行情出现之前，证监会早已多次强调了股市的投资风险，并明确警示新股民的入市风险。就在月初，证监会还强调了各证券公司不得通过网上证券交易接口为任何机构和个人开展场外配资活动、非法证券业务提供便利。

但是，这两个月市场的券商两融增速却继续呈现持续上涨的态势。截至当时，规模增速才略有减缓。

除此之外，在券商两融业务规模进一步逼近“天花板”的同时，场外配资等业务规模增速却迭创新高。虽然市场仍未有明确的数据统计，但是按照部分市场的反馈数据来看，至今已有数千亿元的规模水平，对市场的撬动影响不可估量。

证监会继续加大对场外配资的打击力度，同时也加大了股市“去杠杆化”的力度。据媒体报道，作为多数场外配资接入口的恒生HOMS端口表示，已经暂停新客户HOMS开通的请求。与此同时，恒生电子相关负责人也表示，正在根据证监会的要求，逐步劝退一部分风险比较大、没有资质、不规范的客户。

不可否认，A股市场的逐步火爆，已经引起管理层的高度重视。证监会“动真格”，也继续增加了股市的“去杠杆化”风险。因此，A股市场的杠杆牛市或许需要暂时休整一下。

笔者认为，经历了这轮暴跌行情之后，确实会对不少高杠杆资金起到一定的震慑作用，同时，也将会逐渐让市场重归理性，减缓牛市的上涨节奏。从短期来看，或许会对股市的继续飙涨起到一定的压制作用，从中长期来看，也会对A股构成积极性的影响。

8.11　A股暴跌行情终结了吗？

在2015年端午小长假之前，A股市场经历了一波大幅杀跌的行情。然而，端午小长假之后，6月23日的股市却出现了剧烈震荡的走势，全天市场震荡幅度高达7%。

其中，以上证指数为例，早盘一度暴跌接近5%，并创出4 264.77点的全天低点，该点位也成为这轮调整行情开始以来的最低点。不过，在当天午后的时间内，市场却呈现出震荡回升的格局。截至当天收盘，上证指数报收4 576.19点，全天上涨98.13点，涨幅为2.19%。深证成指上涨了320.52点，全天涨幅为2.04%。至于中小板指数以及创业板指数，则分别上涨了1.84%和2.38%。

23日A股市场剧烈震荡的表现，也引发了市场的猜想。究其原因，笔者有如下的看法。

其一，指数严重超跌，而巨额打新资金的回流也激发了资金抄底的欲望。

回顾这一周，A股市场可谓血流成河。以上证指数为例，自其创出5 178点高点之后，市场就逐渐形成加速调整的态势。从2015年6月12日最高的5 178点下跌至6月23日最低的4 264点，市场累计最大下跌空间高达914点，区间跌幅高达17.65%。

除此之外，值得一提的是，在这轮调整行情中，创业板的调整力度更大。具体而言，创业板指数自在2015年6月5日创出4 037点高点之后，该指数也逐渐呈现出加速调整的趋势。从6月5日最高点调整以来，该市场累计最大下跌空间高达883点，区间跌幅高达21.87%。

显然，市场阶段性的巨大跌幅，也确实砸出了一个相对可观的抄底位置。与此同时，打新资金的逐步回流，结合部分资金借沪股通进行抄底A股，也促发了这些资金的抄底欲望，由此刺激了市场走出探底回升的行情。

其二，市场传言IPO审核节奏或会放缓，由此减缓了市场进一步暴跌的压力。

具体来说，随着时间逐渐接近6月底，IPO排队企业的财务资料需要补交相关的材料。如此一来，实则暗示了短期内IPO的节奏会有所放缓。不过，在现阶段，市场扩容压力确实不可忽视。

一方面，是政策鼓励中概股大规模回归，增加未来市场的扩容压力；另一方面，则是注册制全面铺开时点即将到来，届时将会在一定程度上缩短企业排队发行的等待时间，带给市场较大的融资扩容冲击。

值得注意的是，在当时注册制度全面铺开的过渡期内，新股发行节奏实则得到了大幅度的提速，即从原来1个月核准1批新股，演变为1个月核准2批新股，且在IPO核准名单中，也逐渐浮现出大盘IPO的身影。显然，随着市场扩容压力的逐渐增大，其对市场的冲击是不可估量的。

其三，以中国中车为首的领跌品种走出了大幅反弹的走势，对市场人气起到很大的修复作用。

实际上，以中国中车为首的热门股票对市场人气产生了不可估量的影响。纵观这轮调整行情，虽然管理层加大对股市的“去杠杆化”力度，但实则也与这一热门股票的大幅杀跌脱不开关系。

纵观中国中车过去半个月的走势，股价从月初复牌后最高的35.64元暴跌至最低的19.6元，累计最大跌幅已经超过了45%。或许，是股价的大幅暴跌，引发了资金抄底的欲望，由此也为6月23日中国中车的大幅反弹创造了有利的条件。

截至23日收盘，中国中车报收于21.43元，动态市盈率仍然超过百倍。但是，与之相比，中车H股的股价仅为12.4港币，折合人

民币 9.92 元。显然，就当时而言，中国中车 A 股的投资吸引力仍然不够大。

A 股暴跌之后，终于迎来了久违的反弹。但是，按照当时市场的反弹力度来看，仍然不足以认为其属于“V”形反转的走势。因此，用超跌反弹来形容 23 日的股市走势，或许更为恰当。

经历了惊天大逆转后的 A 股市场，其暴跌行情就宣告终结了吗？对此，笔者认为，1 个交易日的市场表现并不足以证明市场已经终结调整。随后 1 ~ 2 个交易日的市场表现，其实更值得投资者去重点关注。

中国股市面临着巨大的“去杠杆化”压力。而在这一周的时间内，高杠杆玩家也遭遇了前所未有的打击。此时此刻，市场进入阶段性的调整行情，也未必不是一件好事。整体而言，当时 A 股市场的牛市根基仍然存在，待市场阶段性调整过后，未来 A 股市场仍有继续创新高的潜力。

8.12 A 股再度暴跌，国家队还能坐视不理吗？

国家队刚有逐步把主动权交还给市场的打算，市场就又出现了再度暴跌的行情。此时此刻，A 股的再度暴跌，也确实给国家队出了一个大大的难题。

根据数据统计，截至 2015 年 8 月 18 日收盘，上证指数暴跌 6.15%，报收于3 748.16点。至于深证成指、中小板指数以及创业板指数，则分别大幅下挫了 6.56%、6.46% 以及 6.08%。

谈及 18 日股市的暴跌，看似市场空头的猛烈反扑，从政策面上分析，实则与证监会表态有着或多或少的联系。

具体来看，证监会在例行发布会上做出了重要表态，其中强调："今后若干年，中国证券金融股份有限公司不会退出，其稳定市场的职能不变，但一般不入市操作，当市场剧烈异常波动、可能引发系统性风险时，仍将继续以多种形式发挥维稳作用。"

与此同时，证监会还强调："证金公司已通过协议转让方式向汇金公司转让了部分股票，并由其长期持有。"

通过上述一系列的表述，实则也向市场传递出一个信号，即国家队认为当时的股市已基本处于逐步稳定的状态，而国家队也将会逐步把主动权交还给市场，让市场说了算。

显然，18 日 A 股的再度暴跌，确实让国家队又一次陷入了尴尬的局面。此时此刻，国家队到底该不该再度出手，也引起了市场的高度关注。

需要注意的是，从证监会的表述中，我们可以关注到一个亮点，即强调："当市场剧烈异常波动、可能引发系统性风险时，仍将继续以多种形式发挥维稳作用。"但是，对于市场而言，判断市场异常波动的方式多种多样，且从国家队的角度分析，虽然 18 日股市出现了大幅暴跌的走势，但这一暴跌走势并未呈现出持续非理性杀跌的状态。如此一来，市场也就可能维持继续观望的态度了。

但是，通过 18 日的 A 股暴跌走势，我们却不得不承认一个事实，即当时的 A 股，已经对国家队的救市举动产生了严重的依赖。可以想象，在国家队逐步把主动权交还给市场的时候，实则也让市场产生了过度忧虑的情绪，最终加剧了市场的波动走势。

除此之外，对于以资金推动为主导的 A 股市场而言，决定未来股

市走向的关键要素还是离不开资金，而在新增流动性涌入预期并不强烈的预期下，实则限制了市场的反弹高度。

笔者认为，市场对国家队的救市举动抱有极其严重的依赖心理，本已属于不正常的现象。因此，逐步降低市场对国家队救市举动的依赖，逐步把市场主动权交还给市场，让市场走势回归理性，应该是未来的重要任务。

但是，对于短期的市场而言，若市场继续演绎非理性杀跌的走势，甚至击穿前期国家队资金入市的成本区域，则国家队也不会坐视不理。显然，对于当时的A股市场而言，维持稳定还是首要任务。在市场逐步稳定的大前提下，方可逐步修复市场的投资与融资功能，而这一推进过程也切勿操之过急。

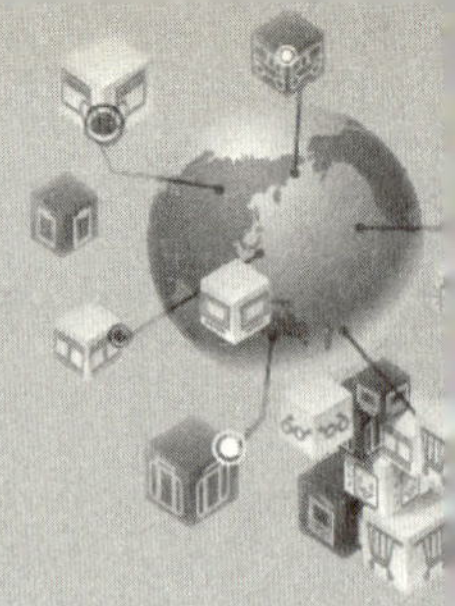

第9章 股市风险控制

9.1 一纸传闻变成一纸公文，将如何影响A股？

在A股市场中，一纸传闻对股市的影响力主要还是看市场所处的环境。简而言之，即市场处于低迷的运行状态时，一纸传闻往往会给股市带来不可估量的冲击。

例如，再融资重启传闻再度引发了市场的热议。对于本已疲软的股市而言，似乎已无法承受丝毫的利空传闻冲击。如此一来，在市场做多信心持续减退的背景下，不管传闻的真实与否，都直接被空方大肆发挥，最终导致市场再度陷入宽幅震荡的局面。

事实上，自2015年7月初以来，证监会不仅暂停了IPO，而且还暂缓了再融资项目的上会审核，这也给了市场一定的喘息时间。

然而，随着国家队救市动作的接连出现，市场多空双方的分歧越发明显。不过，有一点值得我们警惕，那就是市场已然对国家队救市产生了严重的依赖。由此可见，当时的A股市场，实则也让管理层的政策出台处于进退两难的局面。

对于一个证券市场而言，若只有投资功能，而没有融资功能，则意味着这不是一个完整的证券市场。但是，若在当时相对疲软的市场环境下，市场却逐步恢复融资功能，或许会给股市带来本质性的冲击。

值得注意的是，就在8月7日午间，甘肃电投非公开发行股票申请获得了证监会发行审核委员会的审核通过。与此同时，也有媒体报道，证监会发审委计划再审核不超过5家公司的非公开发行预案，而在以后，或将审核逾10家。

其实，随着甘肃电投非公开发行股票的申请获批通过，意味着再融资重启逐步变成了事实。或许，随着股市的进一步回暖，IPO重启将是必然趋势。

那么，随着一纸传闻逐步转变为一纸公文，届时又将会给市场带来什么样的影响呢?

笔者认为，A股市场的走向，其本质上还是依赖于新增流动性的涌入预期。换言之，如果在未来的交易时间内，市场的新增流动性涌入预期并不明朗，则意味着股市的上行空间将会相当有限。或许，在股市未能有效站稳120日线牛熊分界线之前，市场仍然处于阶段性的熊市行情。

新增流动性的涌入预期，实则直接影响着市场投资信心的修复程度。针对这一问题，我们主要观察两方面的内容。

其一，场外配资以及场内融资规模的变化预期。

对于前者，前期遭到证监会的严打严查，场外配资活动得到了一定程度的遏制。其间，虽然有部分配资公司变相重启业务，但其对市场的真正影响依旧不会很大。至于后者，随着近两个月市场出现加速下跌的走势，沪深市场的场内融资规模也出现了迅速回落的态势。截至2015年8月5日，沪深两市的两融余额降至1.31万亿元的水平，较之前最高近2.3万亿元的规模水平，出现了大幅回落的迹象。

其二，关注管理层释放的利好政策空间。

事实上，市场的流动性变动情况，深刻影响着股市的运行走势。尤其是在当时的杠杆行情下，实则离不开杠杆对市场的撬动影响。不过，随着场外配资以及场内融资规模的大幅下滑，则后续管理层推出的新增流动性补充工具将会直接影响到未来A股市场的最终走向。

对于当时的股市而言，要再度激发它的活力，或许有两个方法。一方面，通过激活存量流动性来撬动市场的整体流动性，提升股市的投资吸引力。具体而言，即恢复"T+0"的部分试点，或出台一些颇具撬动功能的新增流动性补充工具等。另一方面，加快社保基金、养老金等巨额资金的入市速度，为股市创造出更多的新增流动性涌入预期。

显然，对于未来的A股市场来说，其所面临的问题将会较以前更加复杂，更加具有挑战性。不过，针对当时相对疲软的A股市场，管理层理应先修复市场的投资信心，而后待合适的时机，再逐步恢复市场的融资功能。若盲目恢复市场的融资功能，甚至重启IPO，则会对市场构成更加沉重的心理打击。届时，要想重振市场投资信心，难度也会明显加大。

9.2　A股最怕的是一纸传闻！

一直以来，传闻对A股市场的影响始终存在。不过，一纸传闻对股市的最终影响，还得看相应的市场环境。换言之，如果A股市场处于持续高涨的状态，那么，即使传闻属于重磅利空消息，也不会给股市带来多大的冲击。更有可能出现的走势，或许是低开高走的行情。不过，当A股市场处于持续低迷的状态时，则一纸传闻对市场的冲击力也就随之加大了。

A股市场正处于相对敏感的区间，指数也基本在年线与半年线之间展开宽幅震荡的走势。其间，虽然国家队持续发力救市，但是其给市场带来的提振效果并不乐观。显然，对于当时相对疲软的A股市场而言，只要稍有风吹草动，就可能会给股市带来致命性的冲击。或许，我们可以认为，现在的A股最怕的就是一纸传闻。

在即将冲击3 800点一带的重压区域之际，市场却传来了一则颇具影响力的传闻。据悉，证监会将启动再融资。不过，相关人士表示，重启再融资，是要重点解决已经上过初审会的再融资项目，范围不会太广泛，或许就是针对某几家公司。

虽然消息仍未得到官方的有效确认，但一纸传闻对股市的杀伤力立马展现。截至周三收盘，上证指数下跌1.65%、深证成指下跌1.47%。至于中小板以及创业板指数，则分别下跌了1.59%以及1.73%。

证监会重启再融资的预期，确实给市场带来了一定的冲击。不过，从实际情况分析，按照初期再融资的规模来看，其对市场的真实冲击力并不会太大，此时再融资传闻对市场心理层面的负面冲击更大。

再融资重启的传闻，其实早已在2015年7月下旬逐步传出。不过，根据当时相关人士的表态，其推测国庆后再融资审核可能会全面启动。

再融资重启传闻重现市场，但其对市场的冲击力似乎有所加大。

究其原因，还是在于当时 A 股所处的位置相当敏感。稍有一些风吹草动，就容易打破市场多空双方的僵持状态。

退一步来说，假如再融资重启传闻得以落地，或许下一步就是 IPO 的重启。此时此刻，对于多数投资者而言，确实是相当恐怖的，因为他们根本无法承受股市再度下行的压力。一旦股市再度选择向下突破的行情，则意味着刚刚得到阶段性修复的市场投资信心又将会重回冰点，而后续市场要想重振投资者的投资信心，难度或许会越来越大。

值得注意的是，鉴于此次传出的利空传闻，市场似乎有种过分解读的意味，或许，这也是在疲软市场中“放大利空，缩小利好”的真实写照。

事实上，在市场估值重归理性之后，市场重启再融资，并不会对市场造成致命性的冲击。因为，此时此刻，对于多数上市公司而言，借助股价的低迷，结合自身的发展需求，采取适度的再融资计划，有利于公司的长远发展，更有利于其加快转型的步伐，并以此来巩固自身的核心竞争优势。

但是，在疲软的市场环境下，再融资重启却会给市场带来一个不好的印象，即从本已缺乏活力的股市中抽血，进一步分流市场的流动性。如此一来，在市场对消息面相当敏感的时刻，实则让管理层的政策出台处于进退两难的地步。

投资与融资功能，本来属于一个证券市场的正常功能。然而，当时的 A 股市场只有投资功能，却没有了融资功能。简而言之，当时的中国股市就是一个不健全的市场。面对如此低迷的市场环境，一旦重新恢复股市的融资功能，又不知道会给市场带来多么沉重的打击。

笔者认为，面对当时疲软的 A 股市场，救市仍需继续，且国家队不宜过早地撤退。至于再融资以及 IPO 的重启，或许还不是最佳的时机。对此，笔者希望管理层能够真正意识到当时市场神经的极度脆弱性，不要为了一时的融资功能，而毁掉了之前艰难取得的救市成果。

9.3 证监会，请不要把股灾不当回事！

2015 年股灾期间不到 3 周时间，股市暴跌超过 25%，属于正常调整吗？面对股市暴跌的走势，证监会却表示当时的股市下跌属于正常调整，并强调莫轻信唱空的言论。

以上证指数为例，指数已经跌破了4 000点整数关口，并一度触碰至3 795点新低。如此一来，即股市自5 178点高点调整至今，累计最大跌幅超过了 25%。

当然，股市的暴跌也终于促使多项重磅利好出台。

其中，央行意外宣布自 2015 年 6 月 28 日起金融机构实施定向降准并降息 0.25 个百分点。此次央行的意外动作，实则给予市场一定的提振。然而，市场最终没有买账。以上证指数为例，在利好政策出台后的次一个交易日内，依旧暴跌了 3.34%，并一度失守4 000点整数关口。

就在 7 月 1 日晚间，证监会也终于连夜放出大招，以安抚市场的恐慌情绪。其中包括了多道救市金牌。

具体来看，首先是下调市场交易费以及过户费率。而后，证监会发布两条扩大证券公司融资渠道的举措，以进一步拓宽证券公司的融资渠道。其次，证监会提前发布两融管理办法，强调了券商可自主决定强制平仓线，不再设置 6 个月的强制还款期限等。

除此之外，市场在应对股市暴跌的过程中，也释放出诸多的稳定信号。

其中，有 12 家上市公司宣布获得重要股东增持。同时，TCL 集团也率先公布了股份回购计划等。

然而，在市场充满企稳预期的背景下，7 月 2 日的 A 股却再度出现非理性的下挫，盘中还创出了3 795点低点。

“放大利空，缩小利好”是当时 A 股市场的真实写照。但是，这并不是最可怕的，可怕的是多米诺骨牌效应的爆发！

股市暴跌超过 25%，大多数的场外配资盘遭到了重创。同时，结构化高杠杆资金也受到了很大程度的损害。显然，如果按照市场这一下行节奏继续发展，恐怕即将威胁到庞大的两融业务。

虽然大多数采用 1∶1 杠杆比率的两融资金尚处于警戒线内，但是，随着市场运行重心的持续快速下移，这部分两融资金也恐怕难逃一劫。可想而知，一旦市场引发大面积的平仓乃至爆仓风险，则市场的下跌动能将会越发强烈。而在可怕的踩踏效应下，也可能逐步影响到我国金融系统的稳定性。

曾经的牛熊分界线，已被市场无情地击破。换言之，如果市场连续 3 个交易日依旧无法站上这一牛熊分界线，则意味着 A 股市场将再一次进入熊市，2015 年的“疯牛”行情将会告一段落。

牛市破灭，上市公司股价被“腰斩”，无疑给当时中国经济的转型之路泼了一盆冷水。毫无疑问，随着市场的急速降温，注册制全面铺开的大战略恐怕也会再度遭遇无限期的延后，股市的直接融资功能必然受到重挫。

毫不夸张地说，其实，投资者都在“赌国运”。但是，一旦A股市场再度重返熊市，则往往意味着前期高位买入的投资者，将会面临漫长的套牢期。

笔者认为，涨多了，都会调整，这本是一件再正常不过的事情。但是，疯涨之后，却遭遇疯狂的暴跌，这往往凸显出A股市场自身制度的漏洞以及证监会的过失。

证监会犯的最大毛病莫过于将股灾当作正常调整。显然，证监会错失了补救的最佳时机，但即使如此，证监会仍需认清当时市场的运行形势，尽快对新股发行节奏进行合理调整，否则，若继续把股灾不当回事，则恐怕会误了大事！

9.4 这几个显著信号，值得投资者注意！

A股市场的上涨速度越来越快，已经让不少投资者无法适应。确实，自2 000点低点攀升至今，市场的上涨节奏已然在骤然加快。

在市场冲破多个重要关口的背后，实际上是有着源源不断的新增流动性支持。其间，虽然证监会多次强调“去杠杆化”的风险，试图给狂热的股市降温，但是，在央行的过度关怀之下，证监会给股市降温的效果大打折扣。最终，市场逐渐形成了一种共识，即每逢市场遭遇政策性利空的强力冲击，总会有央行在背后补救。于是，即使市场存在巨大的下跌风险，也会因庞大的抄底资金保护，而让市场化险为夷，继续往新高迈进。

不过，细心的投资者会发现，在大约1个月内，A股市场出现了几大显著的信号。对此，投资者必须高度警惕。

其一，大约 1 个月的时间内，A 股单日暴跌的频率在明显增多，而其间市场的波动幅度也在显著变大。

回顾这一个月的市场行情，其间出现了多次的单日大跳水的走势。其中，单日跌幅超过 4% 的交易日多达 3 天以上，而在 5 月 28 日，市场更是出现单日暴跌 6.5% 左右的走势。然而，自 2014 年 7 月以来，股市却鲜有出现单日暴跌的走势。在 2014 年 12 月份之后，市场单日巨震的走势才逐渐增多，但出现的频率并不高。

其二，新股发行节奏明显加快，而大盘 IPO 的发行步伐却明显提速。

2015 年以来，A 股市场的新股发行节奏骤然加速。但是，自 2015 年 5 月份起，市场却改变了以往 1 个月核准 1 批新股的节奏，逐渐改变为 1 个月核准 2 批。于是，一个月下来，市场的新股发行规模或将高达 50 家左右。

与此同时，在新股发行的过程中，一些对市场影响较大的大盘 IPO 也逐渐登陆 A 股市场。其中，中国核电、国泰君安等 IPO 就备受市场关注。

值得注意的是，在证监会重要会议中，还特意强调了推动特殊股权结构类的创业板企业到境内上市，即将进一步放开市场的准入门槛，为大量的中概股或者互联网公司回归 A 股市场创造出更多有利的条件。此外，上交所战略新兴板也被提上了日程，此举也预示着未来市场的扩容压力将会显著提升。

其三，产业资本减持力度明显加大，而以汇金为代表的重量级机构的大举减持行动也值得投资者关注。

据媒体数据统计，在 2015 年 4 ~ 5 月，共有 972 家上市公司的重要股东持股比例发生变更。其中，832 家是以减持为主，占比高达85%，减持金额高达2 300亿元。与此同时，有数据统计，包括乐视网在内，仅6 月以来的 3 个交易日内，就发生了 93 笔大宗交易，减持金额高达 66.06 亿元。

至于汇金的减持行动，更是引起了市场的关注。虽然此前汇金发生了人事变动，而此次减持或许也与未来的混合所有制改革有着一定的联系，但是，此次减持行动却引发了我们对未来市场走势的担忧。因为，作为一个重要的代表，汇金的一系列举动向市场释放出强烈的信号。

此次股市的暴涨行情，实际上受到多方面因素的综合影响。

一方面，是国家政策对股市表现出积极的态度；另一方面，则是高杠杆工具的全面激活，由此给市场带来极大的撬动作用。与此同时，在楼市保值增值能力下降及理财产品刚性兑付打破的大背景下，实则倒逼巨量的流动性涌进股票市场，结合“一人多户”政策的落地，也给市场带来了源源不断的新增流动性支持。

不过，股市终归离不开“七亏二平一盈”的局面。纵观全球的股票市场，也从未出现过只涨不跌或者只跌不涨的市场。因此，建立于高杠杆资金之上的 A 股市场，实际上蕴藏的风险是相当巨大的。而在各路流动性疯狂涌入的前提下，也只能任由股市任性疯涨，直至泡沫破裂。

笔者认为，纵观中国股市的历史，基本处于“熊长牛短”的格局。确实，中国股市属于一个相当不健康的市场。在实际中，股市要么出现持续飙升的“疯牛”行情，要么就出现“跌跌不休”的“长熊”局面。显然，按照当时的市场环境，要想把 A 股打造成为一头“健康牛”，或许真的难于上青天！

9.5 该到港股市场表现的时候了吗？

港股跟随内地股市大涨，当A股出现调整的时候，港股也会出现波动。例如2015年8月短短几个交易日内，内地股市出现了数百点的跌幅。其中，以上证指数为例，其自最高的5 178点下跌以来，累计最大调整空间已经高达336点，对应的调整幅度超过6.4%。

实际上，纵观全球各主要地区的股票市场，整体的表现也不容乐观。其中，以我们熟悉的港股市场为例，其出现了持续阴跌的走势，阶段性跌幅已经超过2 000点。此外，以香港国企指数为例，其走势更受到了内地市场的调整影响，阶段性调整幅度接近10%。

回顾2015年一年，其实，A股市场与港股市场有着截然不同的表现。其中，自2014年11月17日以来，A股与港股市场之间的折溢价率就开始发生了重要的变化，且两者之间的差距也越发明显。当时，A股较H股出现了高达38%以上的溢价率，该溢价率几乎达到了近年来的较高水平。

从政策环境来说，实则中央给予了两地市场更有利的政策支持。具体来看，其中在2014年11月17日，沪港通正式“通车”，正式拉开了两地市场之间的“互联互通”序幕；2015年3月27日，管理层允许公募基金通过港股通投资港股。随后，政策亦放宽了险资投资香港创业板的限制。

进入2015年下半年，中央在政策方面依然力挺两地市场的“互联互通”发展趋向，并以更大的力度推动内地资金南下。

其中，自2015年7月1日起，中港基金互认政策即将落地，此举将大幅拓宽两地居民的投资渠道，利于其资产的多元化配置。与此同时，按照初步的规划，中港两地基金互认的初始投资额度为资金进出各3 000亿元。

此外，深港通的落地以及沪港通的额度提升等举措也将有望在2015 年下半年实现。届时，也将会进一步实现两地市场的“互联互通”目标，助推人民币国际化进程。

不可否认，诸多政策必未能够达到预期的效果。例如，自沪港通正式“通车”之后，却出现了明显的“南冷北热”现象，而额度长期未能用足也是一个备受关注的问题。

与此同时，深港通的推进进程也并非一帆风顺。在实际操作中，因相关的规则未能达成一致，由此会影响到深港通的启动时间，最终拖延两地市场“互联互通”的进度。

但是，笔者认为，两地市场加快实现“互联互通”，已经成为一个不可逆转的大趋势。因此，在 A 股市场过度火爆的同时，我们亦可把眼光转向长期遭到冷待的港股市场。

笔者认为，港股市场的短期走势，或许更受到本地政治因素的困扰，结合外部环境的持续恶化，也进一步加剧了港股市场的波动走势。但是，从中长期的角度分析，港股市场特有的低估值优势以及较 A 股市场存在偏大的折价率优势仍然存在。

可以预期，随着两地市场“互联互通”机制的进一步落实，且相关的配套措施得以跟进，则利于进一步缩小两地市场之间的差价空间，最终让港股市场的低估值优势得到更好的挖掘。

据数据统计，就当时而言，虽然 A 股市场并不注重基本面的数据，但是从诸多核心数据来看，短期市场已经具有一定的风险。如果单从市盈率水平来看，若剔除了市场中权数占比很大的低估值权重股，则A股市场实际市盈率水平已经接近2007年的最高数值。

相反，纵观港股市场，虽然受到内部及外部因素的拖累，出现了一定程度的调整走势，但是其市盈率水平却基本低于12倍的水平。至于香港国企指数，其对应的市盈率水平也就更低了。

因此，随着港股市场内外部不利因素的逐渐消除，投资者亦可逢低关注港股市场的投资机会。或许，在不久的将来，港股市场的低估值优势也会得到真正的挖掘。

9.6 未来的中国股市会变成“垃圾箱”吗?

中国股市的总市值再度创出新高。其中，一方面，得益于上市公司股价的持续攀升；另一方面，股市扩容实则也为市场总市值的膨胀做出了重大的贡献。

虽然中国股市并未全面铺开股票发行注册制度，但是距离真正的注册制时代也仅有一步之遥了。接下来，发审委的使命即将告一段落，而沿用多年的核准制度也将要落下最终帷幕。随之而来的，就是市场期盼已久，同时也是市场化程度最高的注册制度。

近年来，上交所与深交所在股市扩容方面也下了狠功夫。但是，在实际操作中，深交所的扩容工作却较上交所做得亮丽。其中，随着市场容量的大幅扩张，也促使深市的日均成交量能基本达到乃至超越上交所的水平。显然，面对深交所的迅猛发力，上交所再不迎头追赶，或许会错失掉最佳的发展良机。

于是，在前一段时期，上交所试图加快建设战略新兴产业板的进度，以提升自身市场的扩容能力，最终改变两大交易所之间的竞争形势。

除此之外，随着A股市场的持续火爆，已在海外上市的中概股，也开始转变了策略，试图以私有化的手段实现退市，加快回归A股市场的步伐。

据数据统计，当时，有多只海外上市的中概股已经启动私有化退市的程序，以谋求尽快从美股市场中退市。

中概股纷纷计划回归A股市场，实则受到多方面的因素综合影响。

其中，A股市场的持续火爆，整体投资吸引力大幅提升，当属中概股加速回归A股市场的主要原因之一。

与此同时，纵观众多赴海外上市的中概股，实则多数具备了特殊股权结构等身份，同时其整体的估值水平并不理想。如此一来，随着内地市场放宽对这类企业股票的准入要求，结合内地市场中同类上市公司股票具备的高估值魅力，也加快了这类企业股票回归A股的步伐。

确实，无论从股市吸引力，还是从政策面等方面分析，都为上述中概股回归A股带来了诸多的便利。

其中，以股市吸引力为例，创业板市场当属当时备受关注的重点对象之一。当时，我国创业板市场的平均市盈率已经高达130倍以上。而纵观已上市交易的创业板股票，其中已有47只百元高价股。但在这些百元高价股中，却不乏亏损类的上市公司。同时，对应市盈率超过百倍的上市公司家数占据了大多数的席位。

再从政策面分析，实际上，我国已颁发多项政策，鼓励相关企业回归 A 股市场。

其中，在 2015 年 6 月 4 日的重要会议中，明确强调了要创新投贷联动、股权众筹等融资方式，推动特殊股权结构类创业企业在境内上市等。因此，诸多因采用 VIE 架构而无缘登陆 A 股市场的企业，有望加快其回归 A 股市场的步伐。

此外，在转板机制逐渐成熟之际，政策上也强调了允许符合一定条件、尚未盈利的互联网和科技创新企业在全国中小企业股份转让系统挂牌满 12 个月后到创业板发行上市。如此一来，也为尚未盈利的相关企业，大大拓宽了融资渠道，为其企业发展打开了瓶颈。

值得注意的是，当时当属核准制向注册制全面过渡的关键时点。按照相关规划，我国或在不久的时间内全面铺开股票发行注册制度。未来市场的准入门槛大幅降低，实则大大缩短了企业排队发行的等待时间，加快了企业赴 A 股市场上市的节奏。至此，也将会大幅提升 A 股市场的直接融资功能，更好地服务于实体经济的发展。

显然，随着相关政策制度的逐步放开，未来 A 股市场将会迎来批量的企业发行上市。但是，大量企业加快进驻 A 股市场，又会否把中国股市变成一个“垃圾箱”呢？

对此，笔者认为，管理层必须大幅提升 A 股市场的优胜劣汰功能，顺应股票市场的市场化发展节奏。换言之，把具有活力的企业吸引进来，同时也必须把那些违规造假、长期亏损的企业清理出去。否则，一旦市场的优胜劣汰功能无法真正地发挥，则在大量企业进驻 A 股市场之后，或许真能把中国股市变成一个庞大的“垃圾箱”。

如此一来，或许最终的结果是，拟发行上市的企业，轻易达到融资圈钱的目的。同时，企业家及相关利益者借助股市实现身家的暴涨，而到了解禁期后，又能够轻松撤退，最后把包袱交给了广大的中小投资者，让他们为股市的大扩容埋单。

9.7 大额存单会给股市带来较大冲击吗？

中国股市异常火爆。一方面，得益于高杠杆工具的全面激活；另一方面，得益于市场投资信心的持续恢复，结合当时相对宽松的货币政策环境，各路资金纷纷进军股市，给股市带来了源源不断的新增流动性支持。

不过，从市场自身的运行状况分析，这轮牛市亦与融资和融券的体量失衡发展有着一定的联系。于是，市场长期陷入融券艰难的境地，实则加快了市场单边融资的发展趋势，进一步鼓励市场持续性地做多，给股市创造了更大的上涨动力。

此时此刻，随着中国股市的持续升温，管理层也逐渐意识到股市高杠杆的风险。至此，逐渐降低市场的资金杠杆率，规范券商等机构的操作行为，无疑成为管理层给股市降温的系列举措。

但是，不可否认的是，决定股市的涨与跌，都离不开市场的资金。换言之，一旦市场无法获得持续性的新增流动性支持，或者因调整杠杆等操作而降低了资金的有效利用率，则会给股市带来一定的降温效果。

一项重磅政策的落地，让不少投资者感到了忧虑。那就是自 2015 年 6 月 2 日起实行的《大额存单管理暂行办法》。对此，有评论认为，随着大额存单的推行，将会对股市起到一定的资金分流作用，进而加快给股市降温。

事实上，无论是存款保险制度，还是大额存单，都是利率市场化深入发展的产物。显然，随着存款保险制度以及大额存单的先后落地，将会加快我国利率市场化进程。

大额存单，实则是由银行业存款类金融机构面向非金融机构投资人发行的记账式大额存款凭证。按照其初期规定，个人投资者认购大额存单的起点金额不低于 30 万元，而机构投资者认购大额存单的起点金额则不低于1 000万元。与此同时，大额存单还设置了 9 个品种供投资者选择。

这种工具，虽然其准入门槛较一般的银行理财产品高出不少，但是它却具备了可转让和质押的功能。与此同时，它的发行利率是以市场化的方式确定的。其中，固定利率存单采用的是票面年化收益率的形式计息，而浮动利率存单则是以上海银行间同业拆借利率作为浮动利率的基准计息。

笔者认为，结合 2015 年 5 月 1 日起施行的存款保险制度分析，大额存单的推出给部分资金提供了更好的投资渠道。尤其是对一些中小企业的闲置资金而言，大额存单既能够满足其在投资收益率上的需求，也给它们提供了一条相对稳健的投资出路。

不过，笔者认为，面对当时火爆的股市行情，大额存单的推出实则对股市的影响不会太大，更不会给股市带来太大的资金分流冲击。究其原因，大致有这几点。

其一，大额存单推出初期，其准入门槛虽相对较高，但与银行理财产品相比，却具备了相对较好的流动性。因此，大额存单的推出给这类稳健型的资金提供了更好的出路。显然，大额存单主要针对的不是股市这一类渠道的资金，而是更偏向于银行理财产品，甚至是国债

等渠道的资金。

其二，大额存单推出初期，可预测的年利率为 4.1% ~4.2%。显然，与当时较高的股市投资收益率相比，大额存单不会轻易成为投资者首选的品种。或许，当股市持续降温之际，大额存单对股市资金的分流影响才会逐步体现。

其三，大额存单推出是利率市场化深入发展的产物。随着存款保险制度以及大额存单的先后出台，将会给我国长期居高不下的社会融资成本降温，而这一系列举措的落地更具备战略性的意义。

显然，在大额存单出台之初，结合当时中国股市的全面激活，投资者确实无须过度恐慌其对股市资金的分流影响。不过，一旦股市发生持续降温的走势，甚至重返熊市行情，此时大额存单对股市资金的分流影响就会逐步展现。

9.8 股市给股民们上了一堂风险教育课!

暴跌之后又是暴跌，这是市场的真实写照。以上证指数为例，自 2015 年 6 月 12 日市场创出5 178.19点阶段性高点之后，市场走势却突然发生了转向。而在几个交易日内，市场更是出现了疯狂杀跌的行情。当时，上证指数已经在盘中跌破了 30 日线的位置，并进一步逼近60 日线的支撑区域。

据数据统计，市场的下跌幅度确实出乎多数投资者的意料。其中，以上证指数为例，市场最大跌幅接近 13%，指数亦从5 100多点直接跌至4 400多点，其间最大下跌空间超过了 700 点。与此同时，深证成指跌幅亦高达 13%。至于中小板以及创业板指数，其下跌幅度更为吓人，分别下跌超过了 14% 以及 15%。此时此刻，市场已经陷入了一片恐慌之中。

至于股票方面，多数股票的阶段性杀跌力度确实让投资者感到恐惧。根据数据统计，在这 5 个交易日内，股价出现了 20% 以上跌幅的股票已经达到了 500 只以上，而同期跌幅超过 15% 的股票更是超过了 1 000只。

就以备受关注的中国中车为例，自其 6 月 8 日复牌以来，累计最大跌幅已达 44.13%。如果从其历史最高点下跌开始计算，累计最大下跌幅度更是达到了 50%。

不过，即使中国中车的股价已经遭到了“腰斩”，但是其对应的动态市盈率仍然高达百倍以上。与此同时，当时中国中车 A 股较 H 股的溢价率仍然偏高。

1 周时间内，股市出现暴跌的走势，个股表现更是惨不忍睹。于是，股市暴跌背后的原因，备受投资者热议。对此，笔者认为，当时股市的暴跌走势，主要归咎于以下几大原因。

其一，券商两融业务规模临近“瓶颈”。

随着券商两融业务规模的持续火爆，当时我国券商两融业务总量超过了 2.2 万亿元。虽然有不少券商补充了净资本，但是按照单一证券公司融资融券余额不得超过本公司前一个月末净资本 4 倍的限制，券商的补救举措仍然无法阻挡两融逼近“天花板”。此外，当时市场上已有不少单只标的证券的融资余额接近该证券上市可流通市值的 25%，由此引发市场的进一步担忧。

其二，A 股市场的资金流入增速明显放缓，甚至形成了阶段性的拐点。

近两个月，随着新股发行节奏的加速，结合大盘 IPO 的频繁来袭，也对当时的股市起到了明显的降温作用。与此同时，在股市“去杠杆化”力度持续加大的背景下，实则大幅降低了市场资金的有效利用率，影响了资金流入股市的速度。

其三，自股市加速上涨以来，并未出现像样的调整。

不可否认，自 2015 年 3 月以来，市场的上涨节奏开始出现明显加快的迹象，其间市场更是实现了跨越式的上涨。但是，在此期间，市场并未出现过一次像样的调整行情。同时，在当时高杠杆工具全面激活的大环境下，市场的接连下跌无疑会引发融资盘的疯狂出逃，容易引发市场大规模的踩踏效应。于是，在这种效应的影响下，也直接加剧了市场的震荡走势。

显然，此时此刻，对于那些动用高杠杆工具的投资者而言，若操作稍有不慎，则极容易引发平仓乃至爆仓的风险。因此，随着市场下跌行情的进一步延续，也促使市场的恐慌情绪进一步升级。

笔者认为，虽然股市出现了大幅下跌的走势，但是却给广大股民上了一堂深刻的风险教育课。确实，面对当时火爆的市场，即使我们对未来的牛市行情依然充满了期盼，我们也必须尊重市场，同时要敬畏市场，尽量避免过分激进的操作行为。